PUBLICATIONS DES *AMIS DE LA JUSTICE.*

L'ANÉANTISSEMENT

DE LA

MONARCHIE

Expliqué par M. GUIZOT en 1851,

OU

DOCTRINE RÉPUBLICAINE ET DOCTRINE MONARCHIQUE

COMPARÉES

AU POINT DE VUE DE LA JUSTICE ET DE LA STABILITÉ DE L'ORDRE.

Par L. P. RICHE GARDON,

AUTEUR

Du *Traité des Devoirs de l'Homme et du Citoyen,* de la *Morale socialiste ou civile,* etc., etc.

(Extrait, en partie, de la Liberté de Penser.)

PRIX : 50 CENTIMES.

PARIS

LIBRAIRIE RÉPUBLICAINE DE LA *LIBERTÉ DE PENSER,*

5, RUE DES PETITS-AUGUSTINS.

ET CHEZ TOUS LES LIBRAIRES.

1851

SOMMAIRE.

Réponse à M. Guizot sur la valeur de l'équilibre des pouvoirs et sur l'action de la pure démocratie.

Doctrine de justice sociale. — Objections générales. — L'esprit d'autorité. — Du Respect de la tradition. — Du Besoin de stabilité. — OEuvre de la monarchie. — La République démocratique et le système de l'équilibre des pouvoirs. — Démocratie et démagogie. — Conclusion. — Résumé et conséquences : ou dernier mot des *Amis de la justice* à la réaction monarchique !

Avertissement à la réaction monarchique sur la distance qu'il faut parcourir pour arriver, de la science des organes quotidiens de la presse démocratique de la capitale, à la science sociale du peuple.

AVIS AU LECTEUR.

Chaque fois que l'on trouvera dans cet opuscule une abréviation ainsi formulée entre deux parenthèses : (M. S., p.....), cette abréviation devra être traduite ainsi : Voyez la *Morale socialiste ou civile*, pages....., pour la démonstration complète de ces propositions.

L'abréviation formulée ainsi : (T. d. D. p.....) renverra, avec la même signification, au *Traité des Devoirs de l'homme et du citoyen.*

Ces deux ouvrages sont annoncés à la fin de cet opuscule.

RÉPONSE A MONSIEUR GUIZOT

Sur la valeur de l'équilibre des pouvoirs et sur l'action de la pure Démocratie.

> « La civilisation est, d'une part, la production croissante des moyens de force et de bien-être dans la société, et de l'autre une distribution plus équitable de la force et du bien-être produits. »
>
> (*Histoire de la civilisation en France.*)

> « Il n'y a plus en Europe que deux classes : celle qui demande des priviléges et celle qui les repousse. »
>
> Le général BONAPARTE.

Monsieur,

Les organes des principes monarchiques ont récemment publié votre réponse à l'auteur d'un ouvrage républicain, M. Emile Dehais. Les démocrates peuvent se féliciter des déclarations très-franches que vous avez bien voulu faire dans la même lettre sur la question République ou Monarchie, qui se confond avec celle de l'équilibre des pouvoirs. Grâce à la précision avec laquelle vous avez exprimé les motifs de l'opinion monarchique, toutes les équivoques doivent cesser. La République restera évidemment pour vous-même, monsieur, la seule forme de gouvernement raisonnable, juste et possible. Cette démonstration sera faite par votre propre raisonnement, dès que la méprise capitale sur laquelle il repose se trouvera bien constatée.

Cette méprise consiste en ceci : Vous donnez, monsieur, la qualification *d'élémens sociaux* (1) à ce qui n'est autre chose que des INTÉRÊTS DE PRIVILÉGE, abusivement, oppressivement introduits dans le corps social. L'ancienneté de ces priviléges

____

(1) Dans tout ce travail, les mots en italiques reproduisent ceux de M. Guizot.

4

dispose, il est vrai, à les considérer comme des élémens naturels de la société, tandis qu'ils y sont étrangers et font obstacle aux conditions de l'ordre. Ils sont la plante parasite qui absorbe le suc du terrain social en paralysant la croissance des élémens régénérateurs. Et n'allez pas croire, monsieur, que nous rangions parmi les priviléges le droit de propriété dont l'équitable exercice est une des conditions du progrès social : nous ne repousserons jamais que l'abus de ce droit, que sa prétention à exploiter le travail! là seulement est le privilége!

J'ai hâte de le déclarer, monsieur; dans ce que j'appelle la méprise capitale sur laquelle seule repose votre raisonnement, vous nous donnez une preuve éclatante de votre bonne foi lorsque vous dites :

« La démocratie pure est essentiellement injuste, car elle supprime et elle opprime des élémens naturels et nécessaires de l'homme et de la société. Et c'est parce qu'elle est injuste qu'elle est dangereuse. »

Vous proclamez ainsi, monsieur, la justice comme votre principe fondamental et votre critérium. Vous voulez que la justice règne DANS TOUS LES RAPPORTS SOCIAUX. En remarquant ceci, un grand nombre de démocrates se sont dit: une discussion sérieuse de la lettre de M. Guizot amènera inévitablement une démonstration péremptoire, puisque nous partons du même principe fondamental et absolu : la JUSTICE, et que nous invoquons le même critérium. Car la *pure démocratie*, comme vous l'appelez si justement, monsieur, s'inspire EN TOUT de ce précepte fondamental de l'Evangile : *Quærite primum regnum Dei et justitiam ejus ; et hœc omnia adjicientur vobis* (1). Elle ne veut rien de plus ni rien de moins que la justice dans tous les rapports sociaux. Elle est convaincue que désormais cette justice SEULE peut assurer L'ORDRE ET LA STABILITÉ DE L'ORDRE dans toute société où le peuple connaît ses droits. Voilà pourquoi elle repousse la monarchie ou les doctrines de privilége qui ne peuvent subsister qu'en escamotant, dans les faits, l'application du principe de jus-

---

(1) Cherchez premièrement le royaume de Dieu et sa justice, et tout le reste vous sera donné par surcroît. (Luc, ch. XII.)

tice : ce qui entretient une lutte permanente entre le peuple
et la classe privilégiée.

Mais s'il vous était donné, monsieur, de démontrer que la
monarchie ou l'équilibre des pouvoirs sont le palladium de
la justice dans tous les rapports sociaux, sans crainte d'être
démenti, je vous promets, monsieur, l'adoption de ce système
de gouvernement par la pure démocratie. Car le démocrate
radical ne s'engoue nullement des formes du pouvoir : c'est
l'établissement de l'ordre moral qu'il poursuit par ces formes :
il ne les estime que pour leur efficacité en vue de ce résultat
religieux. Et vous pouvez être persuadé qu'il ne repoussera
jamais la vérité démontrée. Ce serait vous faire injure, monsieur, que de douter de la réciprocité de votre part si la démonstration est renouvelée en notre faveur. Je me rappelle, d'ailleurs, que vous aviez pour devise, avant d'atteindre aux splen-
deurs dangereuses du pouvoir : *Linea recta via brevissima;*
et que vous avez écrit dans un ouvrage didactique : « La
moralité d'un acte dépend de sa conformité avec les lois
éternelles de la vérité, de la raison et de la justice. »

Au souvenir de ces faits et de nombre d'autres, en relisant
votre lettre à M. Dehais, ma confiance s'est ranimée. A la vue
des périls de la civilisation dans l'Europe entière, le sentiment
du devoir me fait oublier mon insuffisance, et j'aborde l'examen de votre théorie de l'équilibre des pouvoirs. Mais pour
achever de vous convaincre, monsieur, jusqu'à quel point les
conditions du règne de la justice dans *tous* les rapports sociaux sont assurées de conquérir *la pure démocratie*, avant
de discuter la question soulevée par votre lettre, qu'il me soit
permis d'exposer très-sommairement comment la JUSTICE
PROVIDENTIELLE EST LA RELIGION MÊME DE LA DÉMOCRATIE. Cet
éclaircissement ne sera point inutile au développement de
notre thèse.

Il est, monsieur, d'étranges croyans qui, en invoquant
chaque jour ce qu'ils appellent le *Dieu de justice*, enseignent
comme dogme fondamental un Dieu tyrannique qui maudit
l'humanité entière pour une faute du premier homme ! faute
qu'il est, de plus, bien difficile de faire apprécier. Par suite de
cette contradiction que les nécessités de la monarchie peuvent
seules expliquer, les mêmes *croyans* sont partout dans leurs
doctrines, dans leur culte et dans leurs actes sociaux, les sou-

tiens des dominations oppressives de la raison et du travail!
Leur doctrine est devenue le sphinx du monde moral !

Ce n'est point ainsi que la *pure démocratie* comprend le
règne et la pratique du principe de justice.

Le démocrate observe les lois providentielles qui régissent
l'univers en maintenant en tous lieux les conditions de la fécondité. Il remarque que l'être humain est appelé, par l'exercice de la raison, à distinguer et à déterminer, au milieu de
la fécondité universelle, les conditions de la fécondité bienfaisante. Passant alors du monde physique au monde moral, de même que le démocrate a vu la fécondité bienfaisante du monde physique se former par une combinaison rationnelle des élémens appelés, matière, air, humi-
dité, chaleur, lumière, etc., il reconnaît que la fécondité morale doit se former par la combinaison rationnelle des élémens
appelés individualité et solidarité, liberté et égalité, droits et
devoirs, propriété individuelle et propriété collective ou com-
munale. Le démocrate voit la loi pondérative de tous ces élémens sociaux dans le mot JUSTICE, qui répond au mot ORDRE
dans le monde physique, et qui réalise la fécondité morale
par la fraternité sociale et humaine !

En reconnaissant que le règne de la justice est la *condition*
de la fécondité morale comme de toute fécondité bienfaisante
dans le monde physique, le démocrate s'écrie : LA JUSTICE EST
L'ESSENCE MÊME DE DIEU ET LE PRINCIPE DE L'ORDRE PROVIDEN-
TIEL. Voilà le dogme fondamental de la pure démocratie! Le
règne de cette justice DANS TOUS LES RAPPORTS SOCIAUX est la
seule glorification digne de Dieu, puisqu'elle seule peut assurer le bien-être de tous. Les moyens d'établir cet ordre par
la justice jusque dans les moindres actions des hommes, constituent dès lors la doctrine et la morale démocratique. La
Religion de la démocratie socialiste se forme ainsi par les vérités éternelles et les lois universelles de la fécondité bienfaisante. Sa foi ne peut donc que se fortifier avec le développement de la raison et de la science.

L'expérience de tous les temps sanctionne ce résultat : lor-
dre moral n'a régné que lorsque la religion représentait la
science ; lorsqu'elle était l'instrument du progrès social au lieu
d'en être l'adversaire! Telle est la raison indéniable de l'avénement de la démocratie socialiste, qui formule la morale

scientifique et pratique appelée à régénérer les sociétés industrielles. (M. S. p. 46-86.)

Il est superflu de faire remarquer que nous n'entendons
point ici désigner la doctrine spéciale d'aucune secte socialiste, mais la *doctrine-générale* de la pure démocratie,
de celle qui cherche l'ordre moral comme la condition *sine
quâ non* de l'ordre matériel. Ceci posé, pour établir nettement
le critérium de justice que vous avez invoqué vous-même,
j'aborde, monsieur, l'examen de vos objections à l'avénement
de la pure démocratie.

OBJECTIONS GÉNÉRALES.

« Pour connaître la force des objections, il faut les considérer placées dans leur système, liées avec leurs principes, leurs conséquences et leurs dépendances. »

BAYLE.

Votre raisonnement, monsieur, se résume ainsi : « Il y a
dans l'homme, comme dans la société, *des élémens démocratiques et non démocratiques;* si vous n'établissez pas l'ordre
par le concours de tous ces élémens vous faites violence à la
constitution naturelle et primitive de la société : et pour prix
de cette violence vous recueillez l'anarchie ou la tyrannie,
parce que les lois de l'ordre providentiel sont inexorables. »

Sans nous arrêter à votre distinction, d'ailleurs injustifiable,
vous le reconnaîtrez bientôt, d'élémens démocratiques et non
démocratiques, je réponds : Oui, la société comme l'homme
est formée d'élémens divers ; c'est par le concours de tous ces
élémens que l'ordre doit s'établir : la justice en fait une loi. Si
la monarchie est devenue impossible, c'est justement parce
que depuis tant d'années elle s'est montrée non pas seulement
impuissante, sous toutes les formes, à réaliser un tel ordre,
mais parce qu'elle a PROUVÉ y être contraire! Pourquoi? parce
qu'étant formée par le privilége, elle est la négation de *l'ordre,
réalisé par la justice.* Ceci n'est pas de la théorie arbitraire,
c'est du fait authentique renouvelé sous toutes les formes mo-

narchiques et dans tous les pays! Nous le constaterons bientôt.

Vous nous dites encore, monsieur :

« Il y a certainement dans l'être humain des instincts, des intérêts, des idées, des passions ostensiblement démocratiques, et légitimes en même temps que démocratiques.»

Vous continuez en disant : « Mais à côté de ces élémens de notre nature, il y en a d'autres qui ne sont nullement démocratiques : l'esprit d'autorité ; l'ambition de la supériorité ; l'instinct toujours puissant, quoique toujours combattu, qui porte les hommes à reconnaître l'autorité et la supériorité naturelles d'autres hommes, le besoin de la perpétuité au sein d'une existence éphémère ; le respect du passé et de la tradition, règle indépendante de la volonté de ceux qui la subissent, penchans aussi naturels et aussi légitimes que les penchans démocratiques, et qui sont dans l'âme humaine en lutte permanente avec ceux-ci. »

Après avoir placé *l'orgueil du mérite personnel* dans les élémens démocratiques, vous placez, monsieur, *l'ambition de la supériorité* parmi ceux que vous appelez *non démocratiques*. S'il faut faire une distinction utile entre ces deux penchans, dont la *satisfaction* est sans doute peu désirable, comment expliquer la place que vous attribuez à l'un plutôt qu'à l'autre? Ce simple rapprochement n'explique-t-il pas déjà la subtilité des distinctions que vous êtes réduit à proposer, monsieur, en vue d'étayer votre raisonnement?

DISTINGUER ET APPRÉCIER LES TENDANCES.

Dans l'énumération de ce que vous croyez pouvoir appeler, monsieur, les penchans *non démocratiques*, il y a deux choses à distinguer :

1° La valeur rationnelle des penchans naturels, valeur qui les rend complètement démocratiques, puisque DÉMOCRATIE NE SIGNIFIE RIEN AUTRE QUE DÉVELOPPEMENT PROGRESSIF DE L'ORDRE NATUREL ;

2° Le développement abusif de ces penchans par les doctrines et les coutumes subversives; l'éclosion de nombre d'entre eux par la pression exercée sur les intelligences en faveur des dominateurs de la raison et du travail : tous ces effets ne sauraient être considérés comme des *élémens de notre nature :* ils ne représentent, au contraire, que des intérêts subversifs de l'ordre naturel et engendrés par les priviléges, c'est là qu'est la révolte contre l'ordre providentiel. La démonstration spéciale en est facile à tous égards.

Vous savez, monsieur, quelle est la puissance de l'éduca-tion et de l'enseignement pour engendrer des tendances. Les Jésuites vous l'ont suffisamment démontré. Helvétius disait après Leibnitz : « L'éducation peut tout ; à ce point qu'elle fait danser les ours. » Elle peut, en effet, dénaturer complè-tement les facultés intellectuelles. Un général, très-monar-chiste, n'a-t-il pas déclaré l'année dernière à la tribune na-tionale que par la discipline militaire *il faut deux années, seulement, pour* DÉTRUIRE L'HOMME *et faire un soldat ?* Les monarchistes sont habiles dans ces sortes de transformations : la nécessité rend ingénieux.

La *tendance* à considérer la femme comme asservie à l'homme est arrivée à un tel degré chez certains peuples, que j'y ai vu de petits garçons de dix ans traiter les femmes, et jusqu'à leur mère, comme certes ils n'auraient point osé agir envers les ESCLAVES du sexe masculin ! — La *tendance* à con-sidérer le simple travailleur comme un instrument du capital-argent n'a-t-elle pas atteint le plus haut degré chez certaines sociétés oligarchiques ? C'est à cette *tendance* que nous de-vons le fléau de la misère. La *tendance* à s'emparer du bien d'autrui avait, chez les Lacédémoniens, ses règles et son mérite. Enfin, pour clore cette énumération qui pourrait être indéfinie, citons la *tendance* d'un si grand nombre à haïr et à exterminer ceux qui ont une foi différente de la leur.

Les récompenses permanentes attribuées par des papes et des souverains aux persécuteurs et aux exterminateurs des hérétiques, aussi bien que les cris de guerre poussés de nos jours par une réaction aveugle contre les défenseurs de *l'or-dre réalisé par la justice* ; tous ces faits significatifs prouvent encore jusqu'à quel point les *tendances* les plus odieuses peuvent être engendrées par l'enseignement, les dominations et les coutumes.

Constater des *tendances* ne prouve donc rien dans notre question où l'on ne peut invoquer que les élémens constitu-tifs de l'être humain. Avant tout, il faut distinguer les tendan-ces moralisatrices de celles qui sont engendrées par l'égoïsme et par la corruption, effets de certaines institutions sociales. La tâche du pouvoir ou de l'enseignement consiste à diriger l'essor des premières et à dissiper les autres, au lieu d'exciter et d'exploiter celles qui sont favorables aux intérêts d'une minorité privilégiée. Telle est, monsieur, la doctrine de la pure démocratie comme de toute société qui se propose d'établir l'ordre par la justice. C'est peu monarchique, je ne saurais le contester ! (M. S. p. 266-289.)

Contrairement aux principes exposés ci-dessus, vous croyez, monsieur, pouvoir objecter contre la démocratie l'obstacle apporté par elle à la satisfaction de certaines *tendances* que vous déclarez être *des élémens sociaux non démocratiques*, et que nous ne saurions considérer que comme les effets d'une pression subversive de l'ordre naturel, exercée sur les intelligences par les intérêts de domination : ce qui suit le rendra sensible à tous égards.

L'ESPRIT D'AUTORITÉ.

> « La raison est la première autorité et l'autorité est la dernière raison. »
>
> De Bonald.

Vous citez d'abord, monsieur, *l'esprit d'autorité.*

Tel qu'il s'est manifesté jusqu'à ce jour, il n'est autre chose que l'esprit de domination. A ce point de vue, loin de trouver sa satisfaction, l'esprit d'autorité doit être réprimé sans cesse : il n'est que l'instrument des priviléges dominateurs ; il est le grand ministre de l'égoïsme, ce générateur de tous les vices, ce fléau permanent de l'ordre social ! Il est excité constamment par les doctrines monarchiques qui, pour s'en appuyer, le font éclore avec soin pour le substituer au sentiment raisonné du devoir qui correspond à chaque droit. Comme Protestant, vous n'ignorez pas, monsieur, quelle action subversive a exercé la doctrine qui se résume dans ces mots : *croire et non discuter :* elle est le résultat de l'esprit d'autorité dont vous ne craignez pas de nous demander la satisfaction.

La *tendance* a reconnaitre *l'autorité* est encore objectée par vous, monsieur, comme *un élément non démocratique.* Ici plus que jamais, il faut distinguer, préciser, ou nos discours n'auraient plus aucune valeur scientifique.

La *tendance* A RECONNAITRE *l'autorité* n'est naturelle qu'à l'égard des supériorités morales qui représentent la puissance du devoir rationnel. Tout pouvoir qui s'impose par la force, par la ruse ou par l'arbitraire, provoque une résistance instinctive, tacite ou manifeste, mais toujours énergique, chez les êtres qui n'ont pas été complètement dégradés par l'enseignement des priviléges. C'est à ce point que chez l'enfant qui peut sentir la NÉCESSITÉ de l'obéissance passive, la tendance à résister au commandement se manifeste sans cesse : l'enfant lui-même n'obéit généralement que par un effort. Quant à l'adolescent, il veut apprécier ce qu'on lui prescrit; il se soustrait autant qu'il le peut à ce qui ne lui paraît pas raisonnable. Il n'y a donc RIEN DE MOINS VRAI que la prétendue tendance à se soumettre à l'autorité des hommes. Ce n'est pas une tendance naturelle, puisque l'être humain, ayant été doué de la raison pour se diriger par elle, est toujours instinctivement porté à ne se soumettre qu'à ce qu'elle sanctionne !

Les dominateurs de la raison et du travail n'ont rien épargné, il est vrai, pour faire naître la tendance à reconnaître l'autorité instituée par des priviléges. A cette fin, ils ont abusé par l'enseignement de tous les moyens de nature à fausser l'essor des facultés intellectuelles pour éloigner de l'esprit la tendance permanente au libre examen. Mais dès que l'intelligence est un peu développée, l'ordre naturel reprend son empire en repoussant l'autorité des hommes pour n'admettre que celle de la vérité reconnue. Les ténèbres du mysticisme engendrées par les doctrines de superstition, les nécessités d'existence, la dépendance du travailleur de ceux qui le font travailler — cette moderne tyrannie de la conscience dans les oligarchies — sont, avec l'enseignement des priviléges, les seuls agens des tendances contraires au libre exercice de la raison! C'est là qu'est la violence faite à la nature ou à l'ordre providentiel. (M. S. p. 27-42.)

Oui, le sentiment de l'autorité est dans la nature! mais c'est celui des vérités éternelles ou des lois universelles de la fécondité bienfaisante. C'est ensuite celui des moyens appelés à réaliser cette fécondité, dans chaque situation, par le développement des facultés de chacun, conformément à la justice de l'ordre providentiel. Cette autorité, LA SEULE VÉRITABLE, ne peut être exercée que par l'application radicale du principe démocratique, qui fait dépendre tous les moyens de gouvernement de la Raison générale ! Là est toute la question entre la République et la Monarchie. La doctrine de cette dernière place partout l'autorité dans un pouvoir de privilége qui devient oppresseur dans toutes les situations : dans la famille à l'égard de la mère, dans l'atelier à l'égard du simple travailleur, comme dans le pouvoir et l'administration à l'égard des administrés. Pour faire admettre ce pouvoir, les doctrines de privilége sont réduites, nous l'avons dit, à fausser l'intelligence dès l'enfance en imposant, comme la religion même, LE PRÉCEPTE IMPIE DU CROIRE ET NON DISCUTER.

La démocratie, au contraire, ne reconnaissant pour autorité que la justice de l'ordre providentiel, les vérités éternelles et les lois universelles de la fécondité bienfaisante, par lesquelles seules le bien-être de tous peut être assuré, la démocratie appelle sans cesse le libre examen de chacun, en vue de la recherche de ces lois providentielles que chacun est intéressé à voir découvrir. C'est pour cela qu'elle forme le pouvoir annuellement par le concours de tous. Ce pouvoir est alors l'expression de la Raison-générale : il représente l'autorité des lois naturelles ou providentielles : seul il a droit au respect de tous, parce que seul il travaille en vue de la justice sociale (1).

Et remarquez bien cependant, monsieur, que la démocratie n'abandonne point les passions humaines à l'action toujours faillible des raisons individuelles. Elle appelle chaque être raisonnable au libre exercice de tous les droits qui répondent au développement de ses facultés. Mais en même temps, elle impose de rechercher les DEVOIRS QUI CORRESPONDENT AUX DROITS DE CHACUN ; elle précise et enseigne partout ces devoirs que le développement de la raison apprend à estimer ; et, par l'éducation, les institutions et les coutumes, c'est de la pratique constante des mêmes devoirs qu'elle fait dépendre la réalisation de tout bien-être. C'est ainsi que, selon l'expression de d'Alembert, la démocratie met chacun dans la dé-

____

(1) Justice sociale signifie : règne de la justice dans TOUS les rapports sociaux et non dans quelques-uns seulement. Les oligarchies veulent la justice pour tout ce qui les intéresse : hors de là elles ne veulent plus que dominer. C'est ainsi qu'elles repoussent la justice sociale.

pendance constante de la seule autorité véritable : celle des
conditions de la fécondité morale ou de l'ordre moral, tandis
que les doctrines de privilége, répétons-le, imposent constamment pour devoirs à chacun les nécessités démoralisatri-
ces des dominations qu'elles ont créées : devoirs qu'on dédaigne et qu'on repousse ! Un trouble croissant en est la conséquence par l'affaiblissement indéfini de la notion du devoir.
Voilà où nous a conduit l'autorité des priviléges. C'est là
qu'est la décadence : elle est l'œuvre permanente de l'oligarchie ! (M. S. p. 210-216.)

C'est donc par une méprise bien capitale que vous avez placé,
monsieur, le sentiment de l'autorité dans les élémens que vous
appelez *non démocratiques* ; c'est au contraire à la démocratie
seule qu'il appartient de le satisfaire : car en dehors d'elle il
n'y a plus que des autorités arbitraires et oppressives en révolte contre l'ordre providentiel. Voilà comment j'ai dû dire
en commençant que votre méprise consiste à substituer les
INTÉRÊTS DES PRIVILÉGES aux *élémens naturels* de l'être humain
et de la société. Nous aurons lieu de vous faire remarquer
qu'il en est partout de même dans votre argumentation.

DU RESPECT DE LA TRADITION.

> « Souvent la tradition change la vérité en
> mensonge, et les mensonges en d'autres
> mensonges. »
>
> DE BRUIX.

Que reste-t-il maintenant, monsieur, de vos distinctions
des *élémens démocratiques* et *non démocratiques?* Il reste
encore deux assertions que je n'aurai garde d'oublier, car leur
exposition achève de caractériser l'erreur des partisans de l'o-
ligarchie.

Vous nous avez cité comme élément social *non* démocratique le *respect du passé et de la tradition.* Par ces mots, les
monarchistes ont toujours entendu essentiellement le respect
de leurs priviléges, de leur domination et des moyens cor-

rupteurs qui la soutiennent. Cette tradition là est repoussée par la démocratie comme le principe du mal social. De même qu'il faut détruire rapidement le chancre qui corrompt le sang d'un corps humain si l'on veut conserver ce corps, de même il faut détruire les institutions qui se sont décomposées en prenant tous les caractères du chancre social.

Mais quant à la part de vérité que toutes les traditions ont pu contenir, la démocratie les recueille avec respect ; elle s'en inspire et en fait la base des institutions démocratiques qui n'opèrent jamais qu'une transformation GRADUELLE, condition de tout progrès bienfaisant. Le moindre examen des doctrines sociales suffit pour convaincre qu'elles s'inspirent de la science des Indiens, de celle des Égyptiens, des Grecs et des Romains, de l'Ancien et du Nouveau-Testament, comme des progrès plus modernes. Le respect de la tradition appartient donc encore, dans toute son action régénératrice, aux élémens de la pure démocratie ; l'avoir méconnu décèle une prévention sans égale.

LE BESOIN DE STABILITÉ.

« La stabilité des coutumes est une suite de l'imperfection des facultés. »

GIBBON.

J'achèverai cet examen de votre distinction des élémens sociaux, en appréciant ce que vous appelez, monsieur, *le besoin de la perpétuité au sein d'une existence éphémère.* C'est un sentiment dont la satisfaction préoccupe vivement les vieux partis dans les graves conjonctures où se trouve la France.

Assurément, vous ne sauriez entendre ici, monsieur, sans vous abuser, ni la perpétuité de la race ou de la vie humaine, ni celle du pouvoir et de tout ce qui est bienfaisant. Une telle perpétuité ne saurait être placée dans ce que vous appelez les élémens *non démocratiques*, puisqu'elle ne réside que dans le développement même de la démocratie qui, SEULE, veut assurer le bien-être de tous, qui, SEULE, le *déclare pos-*

sible !!! Il s'agit donc uniquement encore et toujours de la perpétuité des priviléges et des intérêts injustes qu'ils établissent et soutiennent, puisque vous ne comprenez l'ordre que par leur règne. La doctrine monarchique n'est rien autre ; elle fait des prodiges d'habileté pour faire confondre *la perpétuité des priviléges* avec *la stabilité du pouvoir*. Vous avez été élevé, monsieur, par des doctrines qui ne distinguent point ces deux choses si différentes par leur essence comme par leur but, et la situation sociale qui vous est échue vous a identifié avec ces doctrines. L'éclat que vous avez jeté sur elles comme professeur, écrivain et orateur, la mission politique élevée qu'elles vous ont ensuite conférée, établit entr'elles et vous une solidarité dont il vous est difficile de vous affranchir. Combien d'hommes de talent subissent les conséquences fatales de la même situation, et inondent l'Europe, au nom de la religion, de la famille et de la propriété, de dissertations éloquentes, subversives des mêmes principes !

La démocratie, qui ne se préoccupe que du bien-être de TOUS et non de celui d'une classe dont il faudrait garantir les avantages aux dépens des masses, a pour but, nous l'avons dit, d'ÉTABLIR L'ORDRE PAR LA JUSTICE ; elle veut la stabilité de cet ordre aussi fermement que vous appelez celle du régime des priviléges, et cela par une conviction religieuse autant qu'intéressée. La stabilité du pouvoir est un des moyens d'assurer la stabilité d'un tel ordre ; la démocratie ne saurait donc en méconnaître la valeur.

Mais la première condition de l'ordre et de la stabilité de l'ordre, c'est, vous l'avez déclaré vous-même, le règne de la justice dans TOUS les rapports sociaux. — Quiconque subit l'injustice est hostile à l'ordre établi. Si ce sont les masses qui se trouvent ainsi exploitées, l'ordre est absolument impossible dès que le peuple raisonne ; et aujourd'hui, vous le savez, monsieur, il raisonne partout ; il raisonnera de plus en plus, malgré l'enseignement des jésuites ! Assurer à tous le règne de la justice, c'est donc la condition première et *sine quâ non* de l'ordre et de la stabilité de l'ordre. La stabilité du pouvoir vient en seconde ligne ; elle est aussi utile, nécessaire même, mais seulement tant qu'elle s'accomplit en satisfaisant aux lois du progrès, condition de toute justice sociale. La stabilité d'un pouvoir qui ferait obstacle à la marche du progrès et à l'établissement de la justice dans TOUS les rapports sociaux rendrait impossible la stabilité de l'ordre ; elle engendrerait au contraire un trouble moral et matériel permanent ; la situation de l'Europe en est pour nous un exemple frappant.

Ici, monsieur, se présente encore nettement la question République ou Monarchie, qui est le fond de toute votre dissertation.

Le règne de la justice et la stabilité du pouvoir étant les deux conditions *sine quâ non* de la stabilité de l'ordre, est-ce la République démocratique seule qui les comporte, ou est-ce la Monarchie ? La question n'est pas ailleurs. Mais les publicistes de votre parti n'ont garde d'accepter la discussion sur ce terrain scientifique de la morale supérieure ! S'ils l'avaient accepté franchement, il ne pourrait plus être question de monarchie, après les mémorables enseignemens de 1848, fournis par l'Europe entière !

Dans tous les pays où règne une oligarchie quelconque, l'exploitation du grand nombre par une classe privilégiée n'est pas seulement un fait permanent, elle est une NÉCESSITÉ pour l'équilibre et le maintien des pouvoirs de privilége !... Une force armée permanente et considérable, une police innombrable usant de tous les moyens de corruption, une armée de fonctionnaires dévoués au pouvoir et non aux intérêts nationaux, sont, à l'aide d'un budget écrasant, qui mène à la banqueroute, le seul soutien efficace d'un tel gouvernement, lequel ne vit que par la CORRUPTION ! De là l'hostilité permanente du peuple contre le pouvoir ; de là les émeutes continuelles et les révolutions périodiques ! Ne serait-il pas temps que nous soyons rendus à l'ordre ?

Et ici, monsieur, je tiens au sens littéral des mots ; j'ai pour le soutenir des millions de faits authentiques recueillis sous votre administration et sous celles des monarchies constitutionnelles les plus estimées. Vous savez que je ne suis pas étranger aux pratiques des gouvernemens monarchiques. Mais il suffira sans doute de vous rappeler qu'en février 1845, M. le comte d'Haussonville, gendre de M. le duc de Broglie, pour parler le langage monarchique, soutenait à la tribune nationale, avec l'assentiment d'une majorité formée de vos amis politiques les plus éminens : *Que la corruption est un moyen nécessaire de gouvernement ; qu'il n'y a de différence qu'entre le plus et le moins !*

La CORRUPTION n'est-elle pas, monsieur, ce qu'il y a de plus contraire à la justice? Car elle est le plus dégradant, le plus impie, le plus infâme des moyens de domination ; et elle est déclarée *nécessaire* à la monarchie constitutionnelle par votre parti, et par ses actes bien plus encore que par sa théorie!...

La question de fait comme celle de doctrine ne se résout donc pas moins péremptoirement contre votre proposition de l'équilibre des pouvoirs, lorsque la justice dans tous les rapports sociaux est, comme VOUS L'AVEZ DÉCLARÉ VOUS-MÊME, le but du gouvernement.

Vous êtes trop sincère, monsieur, pour objecter ici que, depuis la Révolution de 1848, nous jouissons de bien moins de liberté, de justice et même de travail, à certains égards, que sous la monarchie constitutionnelle. Vous ne ferez pas cette objection, car il est suffisamment démontré aujourd'hui, même par les déclarations d'un grand nombre de monarchistes, que le pouvoir n'est point dans les mains des démocrates, et que les efforts d'une grande partie du pays légal de Juillet ont eu pour objet de miner sourdement la République en rendant son administration insupportable. Les persécutions systématiques et si inouïes exercées envers la presse républicaine et envers tous les démocrates dévoués, pendant que l'oligarchie a consacré d'immenses ressources financières à inonder les provinces de pamphlets et libelles anti-républicains ; ces faits répondent assez haut à toute *objection de fait* tirée de la situation présente. Poursuivons donc l'examen scientifique.

OEUVRE DE LA MONARCHIE.

> « Il est plus facile d'établir une république sans anarchie qu'une monarchie sans despotisme. »   NAPOLÉON.

En rappelant les faits qui précèdent, nous n'entendons point méconnaître le rôle providentiel que la monarchie a été appelée à remplir chez certains peuples pour détruire les dominations féodales qui les asservissaient, et pour réunir les populations dans le lien unitaire des lois nationales. Jusqu'à l'avènement de l'*égalité civile*, le travail de la monarchie a pu être un progrès. Aussi son œuvre s'accomplissait-elle par le concours des peuples, qui luttaient, de concert avec la royauté, contre les dominations des princes féodaux. La monarchie était alors l'instrument nécessaire de la liberté, de la justice et du progrès. L'histoire est là pour en convaincre ceux qui prétendraient le méconnaître. La monarchie a providentiellement servi à préparer l'égalité civile : mais cette égalité ne s'est établie définitivement qu'aux dépens du pouvoir royal ! Le jour où elle fut obtenue, la royauté avait achevé sa tâche régénératrice ; son règne devait cesser avec l'avènement de celui de l'égalité civile, puisqu'elle en devenait la négation. Mais les individualités collectives et puissantes, bien moins encore que les simples individualités, ne peuvent mourir volontairement ; ce serait contraire aux lois de la nature ! D'ailleurs, les peuples qui avaient recueilli les bienfaits passés de la monarchie devaient céder à l'esprit de la tradition sentimentale et non raisonnée ; ils crurent pouvoir conserver la royauté. Ils ne prévirent pas que dès ce moment elle serait fatalement condamnée à remplir un rôle contraire à celui qu'elle avait exercé jusqu'alors. La raison de ce résultat est rendue bien sensible aujourd'hui par les découvertes de la science économique.

L'égalité civile a pour condition l'équitable répartition des fruits du travail ; c'est-à-dire d'assurer à chacun la propriété des fruits de *son* travail. Hors de là, l'égalité civile est une illusion, un mensonge, une perfidie. Si celui qui travaille dans l'état de liberté civile doit laisser les fruits de son labeur à la merci de celui qui le fait travailler, s'il ne peut recevoir la JUSTE part qui lui en revient, il n'a fait que changer de féodalité. De la féodalité nobilière il a passé à la féodalité financière, plus dégradante encore que la première ; car la prétendue liberté d'action qu'elle permet est rachetée par l'esclavage abrutissant de la misère. La misère du père et de la mère de famille qui raisonnent, qui ont le sentiment des droits de l'être humain, et qui se sentent impuissans à protéger leurs enfans contre la dégradation morale et physique, c'est l'inouï de la torture ! Et c'est le sort de plus de la moitié du peuple !... Les campagnes non moins que les villes sont là pour en convaincre ! Telle est l'action exercée par la monarchie sous le règne de l'égalité civile. Elle est FATALEMENT condamnée à soutenir les priviléges de finance ; ces derniers sont les seuls compatibles avec l'égalité civile : ils sont le seul appui de la monarchie qui, sans eux, devrait céder le pouvoir à un gouvernement démocratique, le seul qui puisse cultiver les bienfaits de l'égalité civile, puisque seul il est en harmonie avec le principe qui les constitue.

Déjà, en accomplissant sa tâche régénératrice, la monarchie avait fait participer une classe à ses priviléges : c'était l'aristocratie. Pour se maintenir avec l'égalité civile, la monarchie à dû s'associer une classe plus nombreuse : elle a créé l'oligarchie ! L'oligarchie est devenue puissante ; elle a régné, surtout, de 1830 à 1848 : la royauté n'était plus alors que son instrument ! L'oligarchie donne ainsi aux monarques le plus humiliant, le plus odieux des rôles, pendant qu'elle impose au peuple la plus démoralisatrice des dominations. C'est dans l'action de cette domination mercantile qu'est toute la décadence qu'on s'efforce d'attribuer à l'action révolutionnaire avec une insistance dérisoire.

Quel est l'aliment de l'esprit révolutionnaire ? L'injustice ou le privilége. Que l'ordre s'établisse par la justice, et l'esprit révolutionnaire est anéanti dans les masses. Il ne peut ressusciter que chez la minorité, qui veut reconquérir ses priviléges, et qui en ressent d'autant plus le désir si le pouvoir reste dans ses mains. La preuve s'en fait depuis trois années.

Ici, monsieur, je dois rendre hommage aux sentimens de justice sociale que vous avez exprimés avant d'arriver au pouvoir. Je suis heureux de rappeler votre définition de la civilisation placée comme épigraphe en tête de cet écrit. — Elle exprime toute la loi de l'économie sociale : la *doctrine générale* de la démocratie socialiste n'enseigne rien de plus aujourd'hui. Mais souffrez en même temps que je vous demande, monsieur, pourquoi, lorsque vous étiez au pouvoir, vous avez repoussé si absolument les demandes des démocrates socialistes, qui, trop dédaigneux sans doute alors des réformes politiques, ne réclamaient de vous que les réformes d'équité sociale explicitement comprises dans votre définition de la civilisation ? Votre refus constant fait alors à nos humbles mais persévérantes réclamations de justice sociale, ne prouve-t-il pas que la monarchie ne pouvait satisfaire sans se suicider à la justice que vous proclamez de nouveau, maintenant que vous n'êtes plus au pouvoir? Comment expliquer, monsieur, qu'après de tels faits, vous croyiez pouvoir déclarer la pure démocratie impuissante à satisfaire *tous les élémens sociaux*, lorsque c'est elle seule qui les rallie, en ne repoussant que le privilége ou l'injustice?

On ne le répétera jamais assez : tout principe mis en action, surtout par des institutions sociales, a ses conséquences inévitables, que les plus immenses forces matérielles ne peuvent empêcher, mais qu'elles peuvent seulement retarder au prix d'un trouble croissant. Les lois de la nature ne permettent à aucun individu, à aucun corps social, de renoncer volontairement à ses conditions d'existence. Si les intérêts de telles individualités collectives sont contraires à l'ordre réalisé par la justice, il faut dissoudre leur puissance : c'est le seul moyen d'arrêter leur révolte contre l'ordre providentiel.

Les oligarques ne comprennent l'ordre que par la domination de leurs priviléges. Le mot *justice sociale* les fait sourire. Leur foi se résume dans celui d'*habileté*, qui, dans la pratique, devient synonyme de corruption, machiavélisme, domination militaire, etc. ; et cela sans que le très-grand nombre se rende compte de l'iniquité de l'œuvre qu'il accomplit : c'est l'entraînement naturel de la situation qui agit. Trembleurs devant les réformes d'équité qui leur enlèveraient 5 p. 100 de revenu pour assurer la stabilité de l'ordre, les oligarques, pour conserver leur domination politique, préfèrent jouer au jeu terrible des révolutions sociales avec un peuple irrité de leur obstination à vouloir lui ravir le premier des droits sociaux : celui d'élire les législateurs appelés à régler les conditions de son travail ou de l'existence de sa famille. Voilà comment les forces sociales se consument dans une lutte subversive.

La question de l'ordre par la justice étant une question économique— votre définition de la civilisation le déclare — tout pouvoir institué en vue des traditions de privilége est contraire à cet ordre, puisqu'il perpétue les priviléges de finance qui ne se soutiennent que par l'exploitation du travail.

Voilà comment la monarchie, en satisfaisant aux conditions de son existence, cause désormais la subversion du seul ordre véritable et possible; elle fait obstacle au développement des principes de justice et de raison, par lesquels seuls les DEVOIRS

QUI CORRESPONDENT AUX DROITS peuvent être enseignés efficacement. Depuis longtemps les devoirs dictés en vue de soutenir les pouvoirs de privilége sont repoussés par tous ceux qui raisonnent : c'est-à-dire qu'ils ne sont invoqués qu'à l'égard d'autrui, lorsqu'ils répondent à la satisfaction de l'égoïsme. La notion du devoir s'affaiblit ainsi de plus en plus (1). La société reste sans règle morale acceptée. Elle flotte entre l'entraînement sentimental de l'esprit de tradition et l'action positive que le cri de la justice et de la raison oppose sans cesse au sentimentalisme des uns et à l'esprit dominateur des autres. — Tel est l'état social que nous subissons aujourd'hui. L'œuvre de la pure démocratie est de ramener l'ordre moral, en formant les institutions en harmonie avec le principe de l'égalité civile. Au régime nouveau elle apporte sa loi morale, sociale, économique et politique : elle vient régénérer le monde !

LA RÉPUBLIQUE DÉMOCRATIQUE ET LE SYSTÈME
DE L'ÉQUILIBLE DES POUVOIRS,

> « ..... Quant à la légitimité dont vous vous prévalez, que vous invoquez, ce droit supérieur à tous les droits, ce pouvoir qui ne se peut pas perdre lui-même, de qui les peuples doivent tout supporter... Ah ! je tiens ces maximes-là pour ABSURDES, HONTEUSES, DÉGRADANTES pour l'humanité. »
>
> M. GUIZOT, tribune nationale, janvier 1844.

Pour que le pouvoir ne soit préoccupé que des conditions de justice qui sont le palladium de la stabilité de l'ordre, il faut NÉCESSAIREMENT qu'on ne lui donne pas à sauvegarder les intérêts d'un privilége contraire à ce premier but de tout pouvoir moralement et utilement constitué. Le seul gouvernant qui puisse se consacrer à faire régner la justice dans tous les rapports sociaux et à développer la prospérité de l'industrie, c'est

(1) Pour l'enseignement des devoirs par la pure démocratie, voyez plus loin, et T d D p. 120-166 : M. S. p. 70-86.

celui qui ne peut songer à perpétuer son pouvoir par la force, la ruse et la corruption. C'est celui qui, déclarant que la
fonction de législateur est le suprême honneur, n'aspire qu'à
la mériter de nouveau en récompense de son dévouement aux
intérêts publics. Celui-ci n'a aucun intérêt à corrompre les
fonctionnaires pour s'en faire des créatures. Tous ses intérêts
le portent au contraire à surveiller avec vigilance l'accomplis-
sement des devoirs publics ; ce sera son premier titre aux suf-
frages de ses concitoyens. Ce n'est plus alors sur les passions
et les entraînemens inévitables d'un prince entouré de corrup-
teurs que repose la stabilité du pouvoir. Elle réside dans la
force des principes de justice qui constituent l'autorité, et dans
l'application constante des mêmes principes en vue d'assurer
l'ordre par la marche régulière du progrès. Ces principes sont
proclamés par un pacte social appelé Constitution. Ce pacte
est l'œuvre d'un pouvoir constituant élu par l'universalité du
peuple ; il consacre le principe de sa révision, afin de n'être
pas un obstacle au progrès ; mais la Constitution ne peut être
révisée que dans les formes qu'elle a prescrites. Elle est ainsi
à la fois l'égide du pouvoir et le palladium de tous les droits
des citoyens. Elle est la déclaration des devoirs et des droits
généraux, des gouvernans et des gouvernés ; elle devient ainsi
le principe de toutes les déclarations des devoirs et des droits
intermédiaires des différentes professions ou fonctions sociales ; déclarations qui deviennent la loi particulière de chacun
formulée par chaque collége professionnel.

Par suite des entraînemens auxquels la nature humaine est
inévitablement sujette, les nécessités de justice EXIGENT que le
pouvoir qui fait les lois ne soit pas celui qui les applique, et
que celui qui les applique ne soit pas celui qui rend la justice.
Il en résulte la distinction NÉCESSAIRE des pouvoirs législatif,
exécutif et judiciaire, qui se résument tous les trois dans le
premier, et dans lequel seul réside l'unité d'autorité. Le pouvoir législatif est formé par le vote universel direct, qui le renouvelle par tiers (1) chaque année, afin que ce pouvoir soit

(1) Dès que la République démocratique sera définitivement constituée, le
pouvoir législatif pourra être renouvelé par tiers annuellement. Jusque-là,
il doit l'être intégralement, pour que le peuple puisse confier à des républicains l'organisation de la République.

toujours la plus haute expression de la raison générale et de l'esprit de justice qui anime l'universalité du peuple ; le pouvoir législatif ne relève que du vote universel direct.

Le gérant du pouvoir exécutif est nommé et révoqué par l'Assemblée législative, dont il dépend quant à son action générale. Mais le directeur de l'exécutif gère l'administration, nomme et révoque ses secrétaires d'État et tous les fonctionnaires qui ne sont pas encore le produit de l'élection, le tout sous sa seule responsabilité. Le pouvoir législatif peut le mettre en accusation, ainsi que les secrétaires d'État et tout fonctionnaire ; mais aucun membre de l'exécutif ne peut être jugé, pour accusations relatives à ses fonctions administratives, que par une haute-cour judiciaire instituée par la Constitution.

Avec un tel gouvernement, la prospérité du travail national ou de l'industrie est le seul mobile de l'administration. Le pouvoir législatif, duquel tout dépend, se renouvelant annuellement par tiers, tous les progrès, toutes les réformes d'équité sociale s'accomplissent GRADUELLEMENT par le jeu naturel des institutions ; la perpétuité du pouvoir arrive ainsi à la réalisation de l'idéal. Tous les intérêts légitimes, tous les élémens sociaux trouvent leur garantie dans l'action d'un tel pouvoir, qu'ils ont tous contribué à former et qu'ils contribuent tous à renouveler partiellement chaque année. Tous les producteurs sont intéressés à défendre et à faire respecter un tel pouvoir, parce qu'il présente des garanties d'avenir ou de stabilité supérieures à toutes celles connues jusqu'à ce jour. Une minorité égoïste ayant la prétention de dominer pourrait seule avoir intérêt à le combattre, puisqu'il assure le développement du bien-être moral et matériel de chaque citoyen, comme celui de la société entière.

Constatons maintenant qu'aucune des garanties de stabilité présentées par la République démocratique ne se retrouvent avec un régime de privilége quelconque.

Et d'abord, la première condition de l'ordre, *la justice dans tous les rapports sociaux*, ne peut être établie avec un tel régime, nous l'avons suffisamment rappelé. Le progrès social, qui seul peut réaliser cette justice, est sans cesse entravé par les mêmes intérêts de privilége. Tantôt c'est la vieillesse du monarque ou ses prétentions dominatrices ; tantôt c'est l'égarement, l'inexpérience de sa jeunesse ; tantôt ce sont les inconvéniens d'une minorité, ou d'une régence ; et toujours c'est l'influence de la camarilla, qui, avec les autres obstacles apportés au progrès, tiennent la stabilité de l'ordre à la merci des intérêts du privilége du pouvoir.

L'équilibre des trois pouvoirs, fût-il vrai, serait donc loin de réaliser celui des *élémens sociaux*, qui a lieu complétement dans l'Assemblée souveraine de la pure démocratie, où ces élémens se confondent. Mais il y a plus : l'équilibre n'est pas même réel à l'égard des trois pouvoirs.

Avec deux chambres, celle dont la constitution est la plus démocratique est le seul agent sérieux des réformes de justice sociale ; les faits l'ont également prouvé. Le monarque et le sénat sont généralement ligués contre l'influence de la chambre démocratique. Ils doivent en effet la redouter, puisqu'elle agit contrairement aux priviléges qui les constituent. De là, lutte permanente, sourde ou ostensible contre l'action de la chambre démocratique. D'une part, on s'efforce d'en corrompre les membres pour y former une majorité favorable aux priviléges. De l'autre on paralyse les libertés, on accroît l'armée et la police pour résister à l'influence de la chambre qui représente la pensée du peuple.

Ce qu'on appelle l'équilibre des trois pouvoirs n'est donc rien autre que le triomphe des moyens de corruption au bénéfice des intérêts de l'oligarchie. Mais ce triomphe subversif ne s'acquiert qu'au prix de budgets écrasans et de l'irritation du peuple, qui mettent de plus en plus l'ordre en péril. Un tel système de gouvernement n'a pu résister durant dix à quinze années et en épuisant les moyens de corruption, que parce que la grande majorité était restée sous l'influence du vieux préjugé qui faisait considérer le trône comme le palladium de l'ordre social. Mais aujourd'hui qu'il est reconnu partout que cette forme de gouvernement ne répond qu'à la domination des intérêts de l'oligarchie ; aujourd'hui qu'il peut être démontré sans cesse que cette forme de gouvernement engendre fatalement le trouble moral, l'iniquité sociale, et par suite l'agitation révolutionnaire ; aujourd'hui, combien pourrait durer un tel gouvernement? Pourrait-on, raisonnablement, lui promettre trois années d'existence? Et enfin, peut-on sérieusement mettre en parallèle, de nos jours, les conditions de stabilité présentées par cette forme de gouvernement avec celles que garantit la République démocratique selon l'organisation ci-dessus rappelée, organisation qui est demandée aujourd'hui par l'immense majorité du peuple?

En un mot, l'équilibre des pouvoirs ou les deux chambres, c'est la perpétuité, même en République, de la domination de l'oligarchie; et cette domination engendre partout l'esprit révolutionnaire; elle est désormais le fléau de l'Europe.

Il n'y a donc plus de moyen terme; il faut organiser la pure démocratie par les moyens de l'ordre moral ou proclamer l'*alea jacta est* de la force matérielle par la domination militaire! Et qui donc est assez aveugle pour ne pas comprendre qu'elle ne saurait plus se prolonger avec le progrès des idées accompli dans l'Europe entière? Qui donc préfère la terrible révolution appelée à en faire justice à l'organisation pacifique et régulière de la démocratie par l'exercice du vote universel?

Quant aux Etats-Unis d'Amérique, cités comme un exemple dans votre lettre, monsieur, leurs conditions sociales sont trop différentes des nôtres pour que nous ayons à nous inspirer de leurs moyens *particuliers* de gouvernement. De plus, les Américains suivent une marche trop peu dirigée vers l'ordre moral, tâche naturelle des sociétés modernes, pour que nous soyons disposés à les prendre complétement pour modèles. Il est d'ailleurs rationnel que les démocraties qui se constituent après avoir eu sous les yeux l'exemple des Etats-Unis d'Amérique durant près d'un siècle, utilisent l'expérience faite par ces derniers pour réaliser un progrès de plus; c'est le devoir dicté par l'ordre providentiel. Quant aux oligarques, ils s'efforceront de préconiser les institutions favorables à leur domination, en Amérique comme en Angleterre: rien de plus naturel; ils défendent ainsi les intérêts de leur classe; mais la pure démocratie ne peut travailler qu'en vue du bien-être de la population tout entière.

———

DEMOCRATIE ET DÉMAGOGIE.

> « La nation française est la plus facile à gou-
> verner quand on ne la prend pas à rebours.»
> Napoléon à Sainte-Hélène.

Vous terminez votre lettre, monsieur, en nous disant :
« La démocratie est la pente même qui conduit à la démagogie. » — Quoique l'une soit tout à fait le contraire de l'autre,
il est difficile, en effet, aux oligarques de les distinguer : la
pure démocratie proclame, discute, recherche, et veut franchement l'application du principe de justice sociale. L'oligarchie doit donc la redouter, même bien plus que la démagogie, dont l'influence subversive finit toujours par être favorable
aux dominateurs.

Maintenant observons la pratique.

Le droit de réunion et la liberté de discussion sont l'âme de
la démocratie plus encore dans une société démoralisée par
les doctrines monarchiques. Aucun régime de privilége ne
pourrait subsister avec l'exercice de ces droits ; ils sont l'arrêt
de mort de l'oligarchie ; elle doit donc encore pour cette raison les dénoncer comme conduisant à la démagogie.

Mais le gouvernement qui appelle toutes les recherches
propres à rendre plus rationnelles, plus universelles l'application du principe de justice sociale ; ce gouvernement, qui
fonctionne au grand jour de la publicité et qui se retrempe
annuellement dans la souveraineté du peuple, n'a rien à redouter des entraînemens de la discussion. Il représente toujours la pensée et les intérêts du peuple ; la démagogie n'a
pas de prise sur lui. Avec un tel gouvernement, la grande
majorité du peuple se défie des démagogues ; elle forme le
parti conservateur, parce qu'elle possède toutes les garanties
de justice ; elle n'est en défiance alors que contre les entraînemens de la liberté, généralement excités par les agens des
tendances oligarchiques. Tandis que, sous un régime de
privilége, le peuple, cherchant sans cesse un appui contre le
pouvoir, est disposé à s'engouer des démagogues. Il les con-
sidère comme les champions de sa cause ; il fait alors avec
eux des émeutes constantes, comme de 1830 à 1848 : et il

nous montre ainsi que la MONARCHIE EST DEVENUE LA PENTE QUI CONDUIT AUX REVOLUTIONS !

Sous un tel régime, si, par un enchaînement unique de circonstances, quelques démagogues parvenaient jamais à insurger une partie de la population, le pouvoir, soutenu par l'immense majorité, enchaînerait aussitôt toute révolte par sa seule force naturelle : ce qu'un gouvernement de privilége est impuissant à faire s'il ne supprime toutes les libertés en établissant la dictature militaire ; et alors il prépare encore les plus terribles révolutions dès qu'il gouverne des peuples initiés à leurs droits, comme ceux de l'Europe aujourd'hui. La tâche providentielle de ce temps, c'est donc l'organisation de la démocratie ; c'est la recherche constante des lois qui doivent la régir.

Mais ce qu'il importe d'observer, c'est que la pure démocratie réprouve l'emploi de la force matérielle hors des cas de nécessité exceptionnelle ; c'est qu'elle s'attache à former les mœurs dans cet esprit, rendant ainsi de plus en plus impossible tout recours à l'émeute ou à l'insurrection dès qu'elle est régulièrement établie. Ce résultat est d'autant plus naturel que la Raison générale qui constitue le gouvernement se forme en tout lieu par la libre discussion de toutes les idées ; celles qui se trouvent ainsi rejetées ne feraient dès lors que se rendre odieuses en recourant à la violence.

Observons encore ceci : aussitôt que l'Europe est organisée en république fédérative, les forces militaires disparaissent presque complétemeut. Comme en d'autres pays de liberté, la garde civique et la police ne sont plus revêtues d'uniformes militaires ; les armes restent dans les postes et dans les arsenaux. Le symbole de la justice remplace généralement les appareils militaires ; et le père, qui fera jouer alors son enfant avec un sabre ou un fusil, se verra aussitôt en suspicion comme adversaire de l'ordre moral.

Ici, on le voit, tout est contraire au système des priviléges qui s'attache à développer partout l'estime de la force matérielle, parce que c'est sur elle *seule* et non sur la justice et la raison que le pouvoir veut s'appuyer. Sous le régime de la pure démocratie, tout ce qui représentera la force matérielle comme moyen de gouvernement sera mis en tel mépris par l'éducation que les mœurs garantiront très-généralement contre toute disposition à troubler l'ordre par la violence.

A ces garanties viennent s'en ajouter d'autres , encore plus efficaces, contre l'action de toute tendance démagogique. Le droit de réunion et de discussion est affranchi de toute entrave matérielle dans la pure démocratie, mais il y est rigoureusement soumis aux conditions de la fécondité morale, conditions toujours méconnues ou repoussées par les pouvoirs de privilége. La recherche et le perfectionnement constant de ces conditions marche avec le progrès des idées ; elle est une des plus intéressantes préoccupations des conférences publiques établies dans chaque commune ou arrondissement; elle est la garantie efficace et constante de l'ordre moral.

C'est ainsi que l'ordre trouve partout la garantie de sa stabilité dans les coutumes et les mœurs dont il est si facile au pouvoir de déterminer la prompte formation : et l'oligarchie a tout fait pour former les mœurs dans un esprit contraire.

CONCLUSION.

Nous dirons donc avec vous, monsieur : « Faite d'hommes, la société n'est pas autrement faite que l'homme... Partout où la pluralité des élémens naturels de la société et du gouvernement serait méconnue, la société serait en proie à une anarchie dévorante ou à une tyrannie accablante. »

Ce n'est donc point avec le régime de la pure démocratie que ce danger est à craindre, puisqu'instituée et régie par le principe de justice, elle a pour condition première d'existence de le faire régner dans TOUS LES RAPPORTS SOCIAUX. La loi naturelle que vous rappelez est la raison même de l'avénement de la pure démocratie. Ordinairement les monarchistes écartent cette loi. Comment, en effet, faire accepter leur doctrine si on invoque ce qui la condamne? Vous seul, monsieur, dans ce parti, croyez pouvoir le proclamer. Honneur à cet effort : vous en reconnaîtrez les conséquences.

J'ai démontré, monsieur, que les *élémens sociaux*, dits par vous *non démocratiques*, ont leur part d'action complète dans le régime de la pure démocratie en tout ce qui ne représente pas des intérêts de privilége subversifs de l'ordre réalisé par la justice. J'ai expliqué comment l'étrange reproche d'injustice adressé par vous à la démocratie se réduit à ceci : la pure démocratie se refuse à satisfaire les priviléges qui s'exercent par l'oppression de la raison et par l'exploitation du travail du peuple.

Telle est la méprise capitale qu'il y avait à signaler dans votre argumentation.

Comme cette méprise une fois expliquée, votre thèse se trouve renversée ; comme votre refus d'admettre la pure démocratie n'était fondé que sur l'impuissance où vous la croyiez être de satisfaire à la justice dans tous les rapports sociaux ; comme ce désir de justice répond parfaitement aux doctrines que vous avez si éloquemment professées avant d'arriver au pouvoir ; comme, enfin, j'ai la confiance d'avoir établi que la pure démocratie a pour unique doctrine la satisfaction de l'ordre providentiel (l'ordre par la justice), seule glorification digne de Dieu : comme elle est évidemment le seul moyen de réaliser cet ordre; par tous ces motifs, s'il n'est prouvé que j'ai déraisonné, nous aurons le droit désormais de vous compter, monsieur, parmi les défenseurs de la République démocratique : et vous n'aurez plus celui de la combattre !

Maintenant, monsieur, permettez-moi de vous le dire avec la même franchise : la méprise que je viens de signaler dans votre raisonnement contre la *pure démocratie* paraît si étrange aux penseurs démocrates, qu'un grand nombre d'entr'eux la considèrent comme une tactique. J'ai toujours combattu cette interprétation, parce que j'ai été à même de me convaincre de la bonne foi qui entretient l'erreur d'un grand nombre des partisans de vos doctrines.

Ne suffit-il pas, en effet, de considérer la pression permanente, exercée dès l'enfance par l'enseignement du culte et par le journalisme monarchique sur quiconque naît et s'élève parmi les partisans des priviléges, pour comprendre comment d'étranges préjugés peuvent être accrédités, même chez des intelligences qui ont la prétention de raisonner. Dès le bas âge, leur esprit s'alimente des calomnies prodiguées aux doctrines et aux défenseurs de la démocratie. Les journaux placés sous leurs yeux entretiennent et développent ces dispositions en présentant tous les faits contemporains avec le même système de partialité. N'y a-t-il pas ensuite une histoire, une littérature variée qui est dictée par le même esprit et qui vient corroborer les impressions déjà si fallacieusement produites. Comment s'étonner ensuite de l'égarement dans lequel s'élèvent et vivent un grand nombre d'esprits de bonne foi qui ont l'intention sérieuse de raisonner et même d'être juste? Ils raisonnent, en effet, mais sur des faits plus ou moins dénaturés, et à l'aide de doctrines qui, ayant pour première fin la défense des intérêts de privilége, partent de ces derniers, au lieu de tout faire dépendre des conditions de l'ordre réalisé par la justice. Dès lors ils substituent partout l'habileté et le machiavélisme aux inspirations de la droite raison et de la justice ; c'est la conséquence forcée d'une telle situation.

Nombre de mes amis et moi, monsieur, avons été élevés sous la pression subversive de ces doctrines et de ces moyens, et nous savons quelle énergie de volonté il nous a fallu pour briser les obstacles opposés sans cesse par notre entourage à notre initiation à la vérité. L'influence des plus douces affections, les préjugés religieux, les intérêts matériels, tout a été mis en œuvre pour retenir nos intelligences dans le camp séducteur des priviléges. Aussi considérerons-nous toujours comme un devoir de démontrer sans cesse quelle puissance de moyens fascinateurs est employée par les doctrines monarchiques pour rendre impossible à la jeunesse qu'elles élèvent l'initiation aux vérités sociales et aux lois universelles de l'ordre moral. C'est ainsi que, dans ce parti si puissant par les richesses dont il dispose, dénaturer, corrompre, calomnier, sont devenus, malgré lui, malgré toute intention contraire, le moyen permanent à l'aide duquel il combat la pure *démocratie*.

Après les avertissemens que tant de voix plus éloquentes ont fait entendre, les défenseurs officiels des priviléges n'ont plus qu'un moyen de prouver leur bonne foi dans l'étrange système qu'ils soutiennent ; c'est d'admettre franchement des contradicteurs à titre de réciprocité dans leurs conférences et dans leurs journaux. S'ils n'ont en vue, comme vous le déclarez, vous, monsieur, que d'enseigner la vérité et de faire régner la justice dans tous les rapports sociaux, ils accueilleront avec empressement une mesure qui leur permet d'enposer leurs idées à la démocratie; ils obtiendront ce résultat au seul prix de la réciprocité. De part et d'autres, on aurait par la réplique tous les moyens d'éclairer complétement ses lecteurs. Si c'est le triomphe de la vérité que l'on poursuit et non l'exploitation des intelligences en vue de l'exercice d'une domination, cette proposition sera sans doute acceptée (1).

Persuadé, comme je le suis, monsieur, de votre disposition à accueillir tout ce qui peut contribuer au triomphe de la raison et de la justice, j'espère que le journal l'*Assemblée nationale*, qui se publie sous vos auspices, ne dédaignera pas la proposition que j'ai l'honneur de vous soumettre, et à laquelle j'ai donné plus de développement dans le *Traité des Devoirs de l'homme et du citoyen*, pages 120 à 129, ouvrage que j'ai l'honneur de vous faire parvenir avec cet écrit.

Dans cet espoir, je vous prie, monsieur, de recevoir mes très-humbles salutations.   L'AUTEUR.

RÉSUMÉ ET CONSÉQUENCES

OU DERNIER MOT DES Amis de la Justice A LA RÉACTION MONARCHIQUE.

> « Chaque fois que les oligarques croient réfuter la pure démocratie ils ne font que démontrer combien son avénement est iné-vitable : car ils étalent alors et leur injustice et leur manque absolu de science sociale. »

On l'a vu : la *pure démocratie* ne poursuit que l'établissement de *l'ordre par la justice;* rien de plus ni rien de moins : en un mot le règne de l'ordre providentiel dans la société, par l'action des lois formu-lées dans les assemblées législatives *élues par l'universalité du peuple*.

La réaction monarchique poursuit le rétablissement des priviléges oligarchiques qui assurent à une classe l'oppression de la pensée et l'exploitation du travail : c'est le renversement de l'ordre providen-tiel : c'est l'iniquité substituée à la justice !

En subordonnant tout au règne de la justice dans *tous* les rapports so-ciaux et en concentrant le pouvoir dans une seule assemblée législative, renouvelée en partie (2), annuellement, par le vote universel direct, la pure démocratie seule apporte les conditions de *la stabilité de l'ordre* et de *la stabilité du pouvoir*.

(1) Cette Revue se déclare prête à insérer la réponse de M. Guizot.
(2) Voyez la note de la page 22.

La raison en est évidente : c'est que seule elle établit le règne de la justice, seule elle intéressse *tout* le peuple au maintien de l'ordre ; et le renouvellement annuel et partiel du pouvoir satisfait alors à toutes les conditions de progrès par une transformation graduelle qui s'accomplit insensiblement sans qu'aucune des crises politiques que la monarchie comporte ait jamais lieu de se déclarer : le peuple seul étant immortel ! Nous l'avons dit : c'est la réalisation de l'idéal en fait de stabilité du pouvoir : et cette stabilité devient alors la garantie de celle de l'ordre, puisqu'elle a pour base comme pour critérium : le règne de la justice dans tous les rapports sociaux : condition *sine quá non* de l'ordre partout où le peuple raisonne et connaît ses droits.

La pure démocratie apporte donc la seule doctrine de gouvernement qui soit morale équitable ou rationnelle et qui puisse garantir désormais la stabilité de l'ordre.

La réaction monarchique, au contraire, n'apporte que le rétablissement de tout ce qui est injuste, de tout ce qui a engendré l'esprit révolutionnaire et la démoralisation en soutenant l'iniquité sociale au bénéfice d'une classe ! Voilà le point fondamental sur lequel nous avons défié sans cesse les défenseurs de l'oligarchie et sur lequel ils ont prudemment gardé le silence !

M. Guizot a entrepris, une fois, de réfuter *directement* la pure démocratie, et chacune de ses assertions passées au creuset de la pratique, de la science et de l'histoire, déclare INÉVITABLE L'AVÉNEMENT DE LA PURE DÉMOCRATIE ! Les assertions de M. Guizot soumises au critérium de justice *qu'il a invoqué lui-même* déclarent L'ANÉANTISSEMENT DE LA MONARCHIE dès que l'égalité civile est proclamée : parce que la monarchie est la négation de cette égalité non-seulement par son principe, mais encore par tous les moyens qu'elle est réduite à employer pour se soutenir.

C'est encore le critérium de justice invoqué par M. Guizot et sa définition de la civilisation qui démontrent que le rétablissement de la monarchie ou des priviléges oligarchiques conduit fatalement désormais à retirer, à paralyser, à dénaturer le principe sacré de l'égalité civile, et à ramener le règne de l'arbitraire le plus odieux. Les œuvres de la réaction monarchique le disent d'aileurs assez hautement. Ce que ses organes appellent les nécessités de l'ordre, on l'a vu, ce sont les nécessités de la domination de leurs priviléges ; et rien autre. Leur habileté consiste à faire accepter ces dernières sous le nom des nécessités de l'ordre. Leur plan de domination se trouve même aujourd'hui explicitement déclaré dans leurs journaux.

Pendant que la pure démocratie ne proteste qu'en demandant l'*ordre par la justice*, rien de plus ni rien de moins ; pendant qu'elle invoque pacifiquement le vote universel et la République démocratique comme le *seul moyen* d'établir cet ordre qui est la réalisation de l'ordre providentiel même ; pendant que le peuple donne partout l'exemple d'une abnégation aussi intelligente que respectable, en présence des provocations les plus cyniques, écoutez le langage des organes les plus éminens de la réaction.

Le journal l'*Assemblée nationale* disait tout récemment :

« La République est un impasse dont la nation n'a aucun moyen de sortir ; et à ce compte il doit lui être permis de composer avec cette rigueur de légalité qu'ont seuls les gouvernemens sérieusement établis. »

L'ordre par la justice ou la République, voilà ce que les organes de la monarchie appellent *un impasse*. La réforme de quelques lois injustes les a placés à l'entrée de cet ordre. Ils ne veulent pas avancer davantage dans cette voie ; ils veulent au contraire en sortir ; ils l'appellent un impasse : ils devraient dire au moins, l'*impasse de l'ordre par la justice*! Mais ils ne veulent point reconnaître de légalité en faveur de cet ordre, parce qu'il s'oppose à la domination de leurs priviléges. La légalité, disent-ils, ne doit être invoquée que *pour les gouvernemens sérieusement établis* ; c'est-à-dire pour ceux qui sont l'œuvre d'une classe privilégiée, comme en 1830, et qui conséquemment sacrifient TOUT aux intérêts de cette classe (1).

Ces gouvernemens-là infligent la peine capitale à tous ceux qui attaquent leur principe : les lois rendues sous la royauté de juillet nous l'ont appris ! — Mais quant à la République proclamée par *les mandataires de l'universalité du peuple*, pour établir l'ordre par la justice dans *tous* les rapports sociaux : oh ! pour ce gouvernement là, il n'y a pas de légalité à invoquer. Ceux qui le défendent sont les *ennemis de la société* ; ce sont des démagogues. Qu'ils soient mis hors la loi ?... Voilà la signification précise de tous ces longs articles sur la légalité et sur la Constitution dont les organes de la réaction remplissent leurs colonnes. Et s'il vous faut, lecteur, des preuves qui passent l'évidence, il est facile de les fournir : Vous allez juger si nous exagérons :

« ..... La légalité aux mains des révolutiónnaires et des niveleurs c'est une arme invincible. Tant qu'on n'ôtera pas aux révolutionnaires cette arme, on ne les vaincra jamais. »

(Journal l'*Assemblée Nationale* du 23 août 1851.)

Les *révolutionnaires* et les *niveleurs*, telle est la dénomination sous laquelle les monarchistes rangent tous les démocrates, seuls conservateurs en ce temps ; car ils ne poursuivent l'établissement de l'ordre par la justice qu'en vertu de la Constitution de 1848 émanée de l'uni-

____

(1) Nous avons démontré ailleurs que c'est là un entraînement indépendant de la volonté de ceux qui constituent un tel gouvernement ; c'est l'entraînement fatal de cette situation. Voyez la théorie des entraînemens. (M. S., p. 62-66 et 209-216).

versalité du peuple. Voilà ceux que l'on déclare nettement vouloir mettre HORS LA LOI. Et les prétentions de cette nature sont généralement signées par les hommes les plus éminens de la réaction monarchique!!!

Écoutons encore un des principaux organes de la même réaction dans la province; on verra comment cette odieuse tactique a son organisation sur tous les points de la France. Le *Courrier de la Gironde*, reproduit par la *Constitution* de la Charente-Inférieure du 10 septembre 1851, s'exprime en ces termes :

« Il n'y a qu'un seul moyen d'en finir avec cette horde de *bandits sociaux* qui cherchent à détruire la société, *à la mettre au pillage* afin d'avoir part au butin. Faites-leur voir enfin qu'ils ne sont qu'une poignée de *misérables*, et qu'il dépend de vous de les *écraser*. Et quant à CETTE LÉGALITÉ qui vous préoccupe, réservez ce sentiment *honorable* pour des temps meilleurs. »

Telle est l'astucieuse tactique des organes de la réaction monarchique, en présence de l'exemplaire, de l'incomparable attitude du peuple, au milieu des provocations constantes des feuilles réactionnaires ! !

Tout esprit de bonne foi manquera d'expression pour qualifier un tel machiavélisme : il viendra un moment où ceux qui souscrivent à de tels journaux, rougiront à ce souvenir. Ils reconnaîtront alors les inexorables lois de la nature ; que chaque jour a son lendemain ; et qu'après l'heure des entraînemens dominateurs vient inévitablement celle de la justice et des remords !

Maintenant, viendrait-on nous dire que l'on trouve dans la démocratie des esprits extravagans, démagogiques ou immoraux comme l'on trouve les esprits les plus égoïstes et les plus pervers jusque dans les corporations d'élite des partisans des priviléges ? Que diraient ces derniers, si nous les rendions tous solidaires de la conduite ignominieuse tenue par nombre d'entre eux ? Ne serait-ce pas une injustice révoltante ? et n'est-ce pas leur tactique permanente à l'égard de la démocratie ?

Il y aurait cependant mille raisons pour être très-indulgent à l'égard des démocrates. N'est-ce pas l'injustice, la souffrance, la misère des masses qui a constitué leur parti a l'état militant ; et la démoralisation n'est-elle pas inséparable d'une telle situation ? Cette démoralisation, cette ignorance, cette misère, qui les a causées ? N'est-ce pas encore les institutions de la monarchie?

Partout les partisans des priviléges ont fait obstacle à l'enseignement démocratique du peuple, pour le réduire à l'enseignement des jésuites que nous repoussons, parce qu'il façonne les intelligences à la domination des priviléges. On réduit ainsi une grande partie des masses à rester sans instruction morale ; puis on en accuse les doctrines démocratiques ! ! !

La *Société de l'enseignement du peuple* fut constituée après la révolution de 1830 ; elle ralliait, dans chaque département, tous les démocrates les plus honorables ; elle était patronée par les noms les plus révérés ; et le gouvernement de juillet ne la laissa pas subsister deux années, parce qu'il ne voulait s'appuyer que sur l'esprit de privilége, parce qu'il ne voulait constituer qu'une oligarchie !

Sans doute, le peuple a beaucoup à faire pour se régénérer, après avoir été élevé sous l'influence des doctrines de privilége. Il ne le méconnaît pas. Il s'en occupe sans cesse. Les ouvrages de morale qu'il a produits dans ces dernières années sont de tous genres. Il s'est efforcé d'y rechercher et d'y formuler avec précision les devoirs qui correspondent aux droits de chaque fonction sociale et de chaque profession. Il a proclamé partout cette maxime formulée par lui seul : *Chaque droit répond à des devoirs, et les devoirs sont proportionnels aux droits.* Il a demandé que les lois positives fussent partout l'application des lois de l'ordre providentiel, afin d'assurer le bien-être de TOUS par le règne de la justice dans *tous* les rapports sociaux : telles sont ses préoccupations constantes ! Devant cette morale supérieure, les doctrines monarchiques ne sont plus qu'un symbole de dégradation !

Et c'est quand un peuple, plongé dans l'ignorance et la démoralisation par les institutions du privilége, s'élève *spontanément*, et malgré mille obstacles, à cette puissance de moyens régénérateurs, c'est alors qu'on ose le représenter systématiquement comme inspiré par les passions les plus viles, afin de rétablir une domination oligarchique ! Ceux qui sont réduits à combattre ce peuple à l'aide d'armes aussi odieuses confessent leur impuissance à discuter sérieusement avec lui.

Oui, la morale que le peuple ou la démocratie socialiste s'attache à formuler par la doctrine républicaine est incomparablement supérieure aux meilleurs enseignemens des doctrines de privilége. La moralité de la vie privée n'y est point séparée de celle de la vie politique comme dans les doctrines monarchiques. Pour le peuple républicain ou socialiste ces deux moralités sont réciproquement solidaires. Pour le Peuple, celui qui n'accomplit pas ses devoirs dans la vie privée est indigne de s'occuper des affaires publiques. Nous portons le défi permanent aux organes des partis monarchiques de prouver que telle n'est pas la doctrine générale de la démocratie socialiste.

Si jusqu'à ce jour ces doctrines n'ont pu être très-généralement pratiquées, n'est-ce pas un immense progrès que de les avoir formulées et proclamées dans une telle situation : et quoi donc fait obstacle à leur pratique, si ce n'est les coutumes subversives répandues et soutenues en tous lieux par les doctrines de privilége : si ce n'est l'INTERDICTION *faite aux démocrates d'ouvrir* AUCUN *enseignement public dordre moral?...* (M. S, p. 268-270.)

Ce qu'il y a de plus incontestable aujourd'hui, c'est que tout le mal qui se produit dans la démocratie comme dans tous les partis, résulte

des moyens d'action et des provocations de tous genres mis en œuvre
par les coteries réactionnaires. En voyant outrager sans cesse les principes de justice sociale et les institutions appelées à les faire régner,
est-il bien surprenant qu'un petit nombre de démocrates cèdent à l'im-
patience et à l'indignation ? Les hommes impartiaux ne s'étonnent-ils
pas de l'attitude exemplaire du peuple en de telles conjonctures ! Les
journaux anglais les plus monarchiques n'ont-ils pas déclaré que leurs
populations seraient incapables de soutenir si longtemps une attitude
aussi résignée ? Quel démon infernal porte donc les coteries réactionnaires à diffamer systématiquement ce peuple , lorsque sa conduite est
l'objet de l'admiration, même de l'aristocratie la plus fière que l'on
compte aujourd'hui en Europe !

Les coteries réactionnaires n'ont qu'un but en tout ceci : c'est d'é-
garer le jugement des pouvoirs constitutionnels , afin de les rallier aux
doctrines de privilége , en dénaturant partout la pensée et les œuvres
de la démocratie. C'est à l'aide de publications innombrables qui jouis-
sent d'un LARGE PRIVILÉGE de circulation que les pouvoirs et la grande
majorité des vieux partis sont abusés au plus haut degré sur l'odieuse
tactique des coteries réactionnaires.

Ces coteries, qui enveloppent aujourd'hui la France dans le réseau
de leur publicité et de leur influence machiavélique , aspirent à s'emparer du pouvoir aux prochaines élections : et à quelle fin ? Elles ne le
dissimulent pas même, on l'a vu ; elles veulent mettre les démocrates
hors la loi, commencer la *guerre de Rome à l'intérieur* ; en un mot,
mettre en action dans notre patrie l'entente de ces coteries avec les
infâmes gouvernemens d'Autriche , de Russie , de Naples , etc., dont
elles prennent chaudement la défense dans leurs journaux , et tout cela
pour assurer une domination oligarchique !

On sait en quels termes énergiques les ministres d'un gouvernement
aristocratique, mais libéral , ont flétri cette politique odieuse. Le langage de lord Palmerston à la tribune et celui de son collègue sir Glad-
stone ne semblaient rien exiger de plus comme protestation aristocratique au nom des principes de liberté et de justice. Mais les hommes
éminens de l'Angleterre ont voulu achever de stigmatiser les doctrines de
nos oligarques. Un autre secrétaire d'état du gouvernement britannique,
M. Wilson, vient de formuler dans le recueil anglais l'*Economist,* un
arrêt de réprobation dans lequel nous relevons les passages suivans,
dignes d'être médités par tous les partis :

« L'œuvre marche , la moisson mûrit pour la faux. Pendant que les princes d'Allemagne foulent aux pieds les droits des citoyens en masse , que les
souverains d'Italie déciment les patriotes en détail, que les premiers se si-
gnalent, dans cette guerre contre la liberté, par de honteux parjures et l'oppression des peuples, et les seconds par un système calculé et étudié de
cruauté envers les individus ; que les âmes tendres s'émeuvent de tant de

souffrances, que les bons s'indignent contre une telle perversité, que les hommes de cœur s'emportent en invectives contre de tels crimes, il y a une classe d'hommes qui regarde tous ces symptômes avec calme et qui rêve le plaisir de la vengeance.

» ... Ils (les despotes) ont enseigné aux amis de la liberté une autre leçon qui ne restera pas aisément oubliée, et qu'il y a de la folie à inculquer. *Ne vous fiez plus aux princes*; aucun serment ne peut les lier; ils ne tiennent pas leurs engagemens; ils ne remplissent pas leurs promesses.

» Le roi de Naples se rit de la Constitution qu'il a juré de maintenir; le prince d'Anhalt-Dessau avoue qu'il songeait au parjure quand il a prêté serment à la liberté : l'électeur de Hesse, le roi de Prusse, l'empereur d'Autriche, tous rejettent l'idée de tenir la foi promise à des sujets. Les contrats écrits sont déchirés comme de véritables toiles d'araignées; les assurances les plus fortes sont balayées comme de la poussière. »

» ..... Les patriotes sérieux voient rapidement le temps où il faudra jeter tout scrupule de côté. Les constitutionnels modérés comprennent qu'*à l'avenir la modération sera hors de saison*, qu'*elle sera une faute, un suicide*; que les despotes, dans leur aveugle hostilité, les confondent avec le reste des démocrates, et que partant ils seront obligés de faire avec ceux-ci cause commune dans la guerre future, DANS LA GUERRE SAINTE DE LA LIBERTÉ. » (1)

Que l'on relise attentivement ces paroles adressées aux peuples par les hommes les plus éminens de l'aristocratie anglaise, et l'on aura l'appréciation de l'œuvre des coteries réactionnaires : car les doctrines de ces coteries ne diffèrent point de celles des gouvernemens dénoncés dans l'écrit qui précède : leur langage l'atteste chaque jour. Ne se sont-elles pas d'ailleurs constituées les défenseurs constant de ces gouvernemens contre les réclamations de justice les plus sacrées!... Dans leur égarement, ne déclarent-elles pas n'aspirer au pouvoir que pour l'exercer comme eux ?

C'est au pouvoir, c'est à la magistrature, c'est au jury comme à tous les citoyens que s'adressent les avertissemens des libéraux monarchistes de la Grande-Bretagne. C'est eux que nous adjurons d'observer quel est le machiavélisme employé pour les entraîner malgré eux dans une voie d'iniquité où les hommes d'état de l'aristocratique Angleterre ne voient pour issue qu'une nouvelle et terrible révolution! Et cette révolution, la démocratie socialiste aura tout fait en vain pour la prévenir!

____

(1) Traduit et publié par le journal *La Presse* du 12 septembre 1851.

AVERTISSEMENT

A LA RÉACTION MONARCHIQUE.

> « L'esprit de justice, principe de toute
> science sociale, de tout ordre, et essence
> de Dieu même, ne réside, à l'état per-
> manent , que dans l'universalité du
> peuple. »
>
> *(Morale socialiste,* p. 175.)

Il nous reste à signaler une autre méprise capitale de la réaction.
L'influence exercée sur elle par les coteries dirigeantes résulte de ceci :
on s'est persuadé que la pure démocratie est réduite aux doctrines
spéciales des sectes socialistes ou à l'absence de doctrine révélée par
le langage des organes quotidiens de la démocratie dans la capitale.
Admettre ceci , c'est s'abuser étrangement sur le but que le Peuple
poursuit et sur la puissance des moyens régénérateurs qu'il possède
pour l'atteindre. La méconnaissance de ce but et de ces moyens permet seule l'audace des coteries qui dirigent la réaction. Ces coteries
triomphent en ne laissant pas apercevoir à ceux qui les suivent la distance qu'il faut parcourir pour arriver de la science des organes quotidiens de la démocratie à la science sociale du peuple, telle qu'elle se
manifeste aujourd'hui par les simples travailleurs qui consacrent régu-
lièment à l'étude une partie des heures de repos.

Il importe de bien marquer cette différence : elle est la garantie du
salut de la société.

Le Peuple réduit, en ce temps, toutes les questions à celles de l'affranchissement du travail : c'est celle de la justice providentielle
même ou de la morale supérieure.

Le Peuple ne veut se procurer du bien-être au dépens de personne.
Il n'ambitionne pas d'acquérir de la fortune pour vivre ensuite dans
l'oisiveté; situation qui exerce une influence démoralisatrice sur la société entière. Le Peuple ne prétend qu'à une chose : vivre des fruits
de son travail. Il veut que les fruits de son travail soient siens, soient
le bénéfice de sa famille et non de ceux qui le font travailler en ex-
ploitant le monopole du crédit, parce qu'il veut procurer à sa famille
tout le bien-être moral et matériel que son travail peut lui garantir.
C'est ainsi qu'il entend la justice sociale et la glorification de Dieu :
hors de là il ne voit qu'iniquité ou irréligion.

Depuis cinquante années, le peuple a subi l'épreuve de tous les
genres de monarchie ou de système de privilége ; et cette épreuve

lui a démontré que les oligarchies de tous genres sont *fatalement* entraînées à constituer le pouvoir en vue de l'exploitation du travail du peuple par une classe privilégiée : ce qui cause la dégradation des masses par la misère, ainsi que la démoralisation générale!

La pure démocratie par laquelle l'universalité du peuple forme et renouvelle régulièrement le pouvoir peut seule garantir l'affranchissement du travail, parce que seule elle est constituée en vertu du principe de justice sociale ; le peuple ne peut donc voir de justice et de religion que dans cette forme de gouvernement; dans la République démocratique appelée à faire régner l'équité sociale.

Cette République a été légalement établie par l'UNIVERSALITÉ DU PEUPLE ! Le Peuple est donc prêt à verser jusqu'à la dernière goutte de son sang pour la défendre contre toute tentative dominatrice. C'est pour lui un devoir sacré dicté par Dieu et par l'ordre providentiel dont la loi se formule ainsi : *la justice dans* TOUS *les rapports sociaux* ! Le Peuple ne peut donc voir que des adversaires de la justice et de l'ordre providentiel dans ceux qui repoussent la République démocratique une et indivisible!

Voilà nettement la pensée du Peuple, son but et ses moyens. Qui pourra les repousser sans se déclarer souteneur de l'iniquité!

Pour faire apprécier à *tous* le but que poursuit le Peuple ; pour faire reconnaître que ce but est le seul régénérateur, et qu'il réalise le seul or.re *possible* désormais, puisque chacun connaît ses droits, que fallait-il ? — En présence d'une oligarchie accoutumée à dominer et qui ne comprend l'ordre que par sa domination, il fallait unir à la polémique sur les faits la polémique de principes ou de doctrine. Il fallait faire, en un mot, contre les prétentions oligarchiques ce que les organes de la bourgeoisie ont fait si habilement et si doctement de 1820 à 1830 contre les efforts de l'aristocratie. Alors on invoquait la justice sociale comme la démocratie l'invoque aujourd'hui ; et l'on présentait en même temps une doctrine manifestement supérieure à celle des vieux régimes. Voilà comment le triomphe de l'oligarchie sur l'aristocratie a été définitif par l'appui du peuple.

Agir ainsi est d'autant plus indispensable aujourd'hui, que la réaction, soit par son entraînement naturel, soit par la tactique des coteries qui la mènent, dédaigne l'appréciation des faits, des moyens et de la légalité même ! Elle substitue à la loi une prétendue question de salut public, au nom de laquelle elle dénonce la loi fondamentale, la Constitution et même le principe de justice qui a dicté, la forme de gouvernement appelée République démocratique. Elle met ainsi hors la loi, autant qu'elle le peut, tous ceux qui défendent ce principe social: elle les déclare *ennemis de la société*!

Comment expliquer que depuis deux années que les coteries réactionnaires marchent progressivement et ouvertement dans cette voie machiavélique à l'aide de mille journaux, la presse quotidienne de la capitale se soit bornée à combattre sur le même terrain, celui des faits et de la légalité, au lieu de suivre la réaction sur le terrain des principes supérieurs qu'elle invoque habilement sans jamais les mettre en discussion, faisant croire ainsi aux esprits simples qu'elle représente l'autorité de ces principes. N'était-ce pas là que la presse démocratique pouvait livrer à la réaction le seul combat de nature à l'anéantir en démasquant la tactique des coteries dirigeantes?

Nous le disons avec douleur, ce fait est des plus déplorables; il importe de le signaler, car il pourrait devenir la cause des plus dures déceptions, dans le triomphe matériel même.

Nul ne saurait mesurer la somme de talent, de savoir, de dévouement et d'énergie que les journaux quotidiens de la capitale ont dépensé dans cette lutte étrange, où ils jouent le rôle de dupe par l'habileté avec laquelle leurs adversaires les tiennent en haleine, sur un terrain où les efforts de la démocratie restent impuissans à démasquer le machiavélisme de la réaction ; aux regards de ceux sur lesquels elle s'appuie. Il faut que l'on reconnaisse l'importance de ce que nous signalons ici. C'est là qu'est le nœud gordien de la situation. Les organes de l'oligarchie proclamant sans cesse avec astuce une prétendue question de salut public, en soutenant que toute légalité favorable aux démocrates fait le péril de la société, dès lors démontrer l'arbitraire dont la démocratie est victime est tout à fait insuffisant, puisque cet arbitraire est exercé au nom d'une prétendue raison de salut public acceptée par ceux sur lesquels s'appuie la réaction : la seule polémique efficace consiste donc à démontrer que sous le nom de *péril social*, la réaction monarchique ne signale réellement que le péril des priviléges dominateurs qu'elle voudrait rétablir à son bénéfice, et que sous le nom d'*ennemis de la société* qu'elle nous prodigue, elle ne désigne que les ennemis des priviléges ou de l'injustice qui engendre la misère ou la dégradation des masses!... Pour une telle démonstration, il faut nécessairement remonter jusqu'aux principes supérieurs de l'ordre social et de la justice qui les régit; il faut établir par des démonstrations mathématiques que la réaction en impose astucieusement lorsqu'elle invoque ces principes supérieurs dont ses doctrines et ses œuvres sont la négation constante.

En méconnaissant cette nécessité, nos journaux quotidiens ont subi l'entraînement d'une armée nationale qui, pour défendre son drapeau sur un point environné d'assaillans audacieux, laisserait envahir le pays par l'armée ennemie. Elle risquerait ainsi de se trouver bloquée et faite prisonnière si le patriotisme du peuple ne venait à son secours, comme dans la situation sociale où nous nous trouvons.

Oui, s'il subsistait dans la capitale un journal quotidien réellement consacré à manifester dans tous les faits la science sociale que possède aujourd'hui le peuple (1), la réaction serait frappée au cœur depuis longtemps. Oui, si cette réaction a pu donner le change sur son œuvre à la minorité trop considérable sur laquelle elle s'appuie, il faut l'attribuer en grande partie au système suivi par les journaux quotidiens de la capitale. Que la réaction le sache bien : toute la force qu'elle possède aujourd'hui repose sur une méprise et sur un système de calomnies astucieuses. Le jour où cette méprise cessera, la réaction se trouvera prise au piége qu'elle a si habilement dressé pour les défenseurs de l'ordre réalisé par la justice ; les neuf dixièmes des populations proclameront alors la pure démocratie.

Sans doute, il n'eût été ni convenable ni nécessaire que la presse démocratique soulevât des discussions de nature à donner carrière à tous les moyens divers que présentent les différentes écoles pour arriver au même but. Le moment propre à la discussion de ces moyens ne se présentera que lorsque, les républicains démocrates se trouvant au pouvoir, une liberté rationnelle sera garantie à tous. Mais, ce qu'il fallait pour renverser le fantôme de salut public astucieusement élevé sur les tréteaux des coteries réactionnaires, c'était l'exposition constante de la *doctrine générale* de la démocratie socialiste: c'était le rappel continuel de la sanction de justice sociale qu'*elle seule* peut invoquer, et qui *seule* peut anéantir tous les plans machiavéliques de la réaction. En ne faisant pas valoir cette doctrine, en ne l'opposant pas sans cesse à celle des priviléges, notre presse quotidienne a méconnu qu'il y a des principes fondamentaux d'ordre moral et d'ordre économique qui rallient la grande majorité des écoles socialistes et qui constituent la *doctrine générale* de la pure démocratie : doctrine mille fois suffisante pour faire une éclatante justice de toutes celles des monarchistes. Cette doctrine indéniable est professée implicitement ou explicitement par l'immense majorité des démocrates socialistes ; elle n'a pas manqué de démonstrations dans ces dernières années. Livres et brochures les ont reproduites souvent de manière à les mettre à la portée des intelligences les moins familières à ce genre d'études; mais la presse quotidienne a constamment refusé d'apprécier les démonstrations de ce genre les plus mathématiquement formulées. Elle s'est même dispensé de les exposer par de simples citations. Elle s'est contenté de faire connaître les travaux des célébrités de chaque école, ce qui ne pouvait faire avancer la question, puisqu'il ne s'agissait encore là que des doctrines de secte.

Si le peuple avait possédé dans la capitale un journal quotidien consacré à l'exposition de sa science, il y eût fait la démonstration mathé-

---

(1) Nombre de journaux de province peuvent et veulent remplir cette tâche ; mais la publicité leur manque autant que l'espace. Leurs conditions d'existence sont un obstacle absolu.

matique des thèses suivantes, dont l'indéniabilité manifeste n'autorise sans doute pas à dire qu'elles étaient susceptibles de diviser la pure démocratie :

I. L'ordre réalisé par le règne de la justice dans *tous* les rapports sociaux n'est-il pas le seul moral, le seul possible désormais, le seul qui puisse garantir la stabilité de l'ordre?

II. Celui qui n'a pour garantir l'existence de sa famille que les fruits de son travail n'a-t-il pas des droits plus sacrés à l'élection des législateurs que celui dont la famille est à l'abri de toute oppression par les biens matériels qu'il possède? En un mot, les droits de la propriété du travail ou du capital de vie humaine, peuvent-ils être moins sacrés que les droits des fruits du travail, qui ne sont qu'un capital de matière ?

III. La satisfaction *complète* du droit au travail exige-t-elle autre chose que l'équitable répartition des fruits du travail, et l'équitable répartition de ces fruits exige-t-elle autre chose que l'égalité dans la loi et les institutions de crédit rationnel qui doivent rendre impossible l'exploitation du travail par le capital-argent ?

IV. La morale pratique formulée par la *doctrine générale* de la démocratie socialiste n'est-elle pas incomparablement supérieure à toutes les morales antérieurément formulées? N'est-elle pas la seule rationnelle, la seule efficace, la seule capable de régénérer?

V. Une monarchie, une oligarchie ou un régime de privilége quelconque, ne sont-ils pas le renversement des conditions premières de l'ordre et de la stabilité de l'ordre dans nos sociétés industrielles, où la grande majorité du peuple raisonne et connaît ses droits à la justice sociale ?

Telles sont les cinq questions dont le Peuple aurait rendu la démonstration indéniable pour tous les esprits de bonne foi qui suivent la réaction, s'il avait eu un journal quotidien chargé de représenter sa science. Car RIEN DE DÉFINITIF *ne pourra s'établir* avant qu'une telle démonstration soit arrivée à l'intelligence de la grande majorité.

En fait d'institutions sociales, MÊME POUR DÉTRUIRE, la force matérielle *seule* EST IMPUISSANTE! En fait d'institutions sociales, on ne parvient à *détruire complétement* qu'en faisant reconnaître au plus grand nombre la supériorité des moyens de reconstruction que l'on apporte. Le journaliste démocrate qui veut taire les moyens de l'ère nouvelle, dans la crainte de les voir discuter trop minutieusement, n'en connaît pas la valeur. Le démocrate socialiste qui pour DÉTRUIRE les institutions de privilège compte sur la force matérielle SEULE, celui-là n'a pas encore assez appris : il compromet la cause de l'affranchissement du travail, au lieu de la servir : il lui reste à reconnaître que dans toutes les transformations sociales, c'est la puissance morale seule qui peut conduire et appliquer efficacement la force matérielle en prévenant les réactions.

La marche des religions en est la preuve péremptoire : tant qu'elles se sont manifestées par la lumière et par l'amour, elles ont été souveraines pour régénérer ; dès qu'elles ont dû recourir aux moyens de la force matérielle, elles n'ont plus été que l'instrument des pouvoirs politiques ! Si donc la démonstration des cinq propositions sus énoncées avait été constamment rappelée par la presse quotidienne, les souteneurs des priviléges fussent restés alors aussi humbles devant la démocratie qu'ils l'étaient le lendemain de la révolution de février : si combattre la démocratie socialiste leur eût été possible alors, ils auraient été contrains de la respecter !

Mais, au lieu de faire la démonstration de ces thèses, expression de la pensée du Peuple ou de la réforme appelée à garantir l'affranchissement du travail, au lieu de rendre indéniable pour les esprits de bonne foi les démonstrations devant lesquelles toute doctrine de privilége devenait une iniquité monstrueuse, qu'a-t-on fait ? Partout les doctrines de secte se sont produites ; chacun a voulu prétendre à la domination de son école ; et quand on a reconnu son impuissance à la faire prévaloir, au lieu de s'attacher bravement à la défense de la *doctrine générale* représentée par les idées du Peuple, on s'est borné à discuter sur les faits, en prétextant la crainte de diviser : comme s'il n'y avait rien à faire en doctrine en dehors du triomphe de ses propres idées, ou de ses propres systèmes; comme si les écoles socialistes étaient assez égoïstes ou assez insensées pour prétendre imposer chacune leur système !

Alors, la révolution ne s'est plus présentée aux monarchistes que comme un *fait*. A ce fait, ils ont voulu en opposer un autre : et sur ce terrain matérialiste, la République s'est trouvée à la merci des influences les plus astucieuses et les plus dominatrices.

On a ainsi laissé se développer les difficultés réservées à ceux qui auront pour mission l'organisation définitive de la République.

UN MOYEN.

Pour arriver au résultat que nous avons signalé comme nécessaire, l'organe de la science sociale du peuple ne se serait pas borné à exposer la doctrine générale dans son journal, comme les simples travailleurs l'ont exposée dans tant de livres et de brochures, dans nombre de journaux mensuels ou hebdomadaires, lorsque le timbre et le cautionnement n'interdisaient pas au Peuple ce dernier genre de publication. Pour arriver à ce résultat, le Peuple aurait usé d'un moyen plus efficace. Il aurait allié l'abnégation dont le citoyen Proudhon et le journal le *Peuple* ont donné l'honorable exemple touchant la doctrine éonomique de M. Frédéric Bastiat, il aurait allié, disons-nous, cette abnégation à une condition de réciprocité ou de justice. Il aurait pris à partie un journal réactionnaire influent, en lui tenant le langage suivant :

« Vous appelez le peuple à se prononcer sur la question République ou Monarchie, en déclarant la République impossible. Pour que, dans cette épreuve, le peuple ne joue pas le rôle de dupe, il faut qu'il connaisse exactement la question sur laquelle il doit prononcer : la morale la plus élémentaire l'exige. — La pure démocratie ne poursuit que le triomphe de la vérité ou de la justice. Elle ne reconnaît d'autre juge que la raison générale librement manifestée après avoir été librement éclairée. Elle est prête à exposer sous les yeux de ses lecteurs, dans leur texte original, les objections faites à ses doctrines, à la seule condition de la réciprocité. Nous vous demandons, en conséquence, d'insérer textuellement l'article par lequel nous allons commencer la réfutation du régime oligarchique. Nous insérerons textuellement votre réponse, qui sera à peu près de la même étendue que notre article. Nos deux journaux continueront d'insérer ainsi textuellement les réponses l'un de l'autre jusqu'à épuisement de la discussion. En agissant de la sorte, si nous ne parvenons pas à changer nos convictions respectives, nous aurons assurément fourni à nos lecteurs, au public, seul juge souverain, l'épreuve la plus efficace pour arriver à une conviction éclairée. Nous aurons prouvé ne vouloir exercer aucune domination sur nos lecteurs et ne remplir la fonction de journaliste qu'en vue d'éclairer tout le peuple. »

L'efficacité d'un tel mode de discussion est trop évidente pour que les autres organes de la démocratie ne fussent pas déterminés, même par leurs abonnés, à l'adopter également.

« Dès lors l'Europe jouissait du spectacle le plus régénérateur qui ait encore été donné au monde. Les tournois de l'ordre moral remplaçaient ceux qui ont assuré la domination de la force matérielle et de la ruse ; l'arbitraire et le machiavélisme étaient détrônés chez les nations civilisées par la libre discussion placée dans les conditions de la fécondité morale. La raison générale, suffisamment éclairée, dictait seule les lois et ne faillissait plus dans l'établissement de l'ordre et de la stabilité de l'ordre.

» Si, au contraire, les organes de la réaction avaient refusé de discuter dans les conditions de la fécondité morale, leur parti restait frappé d'un stigmate permanent. Chaque feuille démocratique tenait inscrit en tête de sa première colonne le refus fait par les journaux réactionnaires, auxquels elle se serait adressée. Et à moins d'admettre que le bon sens français ait été complétement éteint chez les vieux partis par l'enseignement des jésuites, à moins d'admettre que tout sentiment de dignité humaine et de justice y ait été détruit, les meneurs de ces partis restaient bientôt avec une minorité si faible qu'il n'y avait plus lieu de s'occuper de leur influence (1).

Tel est l'un des moyens qui auraient été mis en œuvre pour manifester la science sociale du peuple, s'il y avait eu, nous le répétons, dans

____

(1) Extrait de l'APPEL motivé, adressé aux journaux quotidiens de la capitale par le journal la *Constitution*, de la Charente-Inférieure, numéro du 13 septembre dernier. Appel fait à la même fin, et resté sans aucune réponse ! Ce silence significatif sera rappelé et apprécié en temps opportun.

la capitale un journal quotidien consacré à soutenir la *doctrine géné-rale* de la démocratie socialiste.

Quelque dur que cela puisse être pour les hommes formés aux vieilles coutumes subversives, il faut qu'on arrive à le comprendre. Nul jour-nal ne saurait plus être l'instrument d'une domination quelconque exercée sur les intelligences au bénéfice d'aucune école, ni d'aucune coterie. Nous sommes arrivés au temps où la presse périodique doit enfin devenir un enseignement régénérateur. L'affranchissement du travail dépend de ce résultat ; il s'accomplira, dût-on faire mourir à la peine ceux dont l'énergie persévérante sera consacrée à l'obtenir.

L'établissement d'un tel journal marquerait l'avénement de l'ère de régénération et l'anéantissement de tout règne de privilége. Sa doc-trine serait invulnérable à tous les traits du machiavélisme. Quels que fussent les entraînemens du pouvoir, elle pourrait défier tous les par-quets de la faire condamner, même par le jury le plus réactionnaire : et pourquoi ? parce que cette doctrine, quoique la plus radicale *de toutes*, se manifesterait, à tous égards, comme un enseignement supé-rieur de justice ou de morale pratique.

Qu'il nous soit permis de faire remarquer ici que la preuve de ce que nous avançons est déjà faite. Pendant que la presse quotidienne de la capitale n'ose ni défendre ni expliquer devant le jury le cri de *République sociale*, parce qu'on ne s'est pas attaché à en préciser la signification générale, il est certaines feuilles de province qui n'ont pas craint de le glorifier, en exposant, il est vrai, avec précision la doctrine dont il est la signification pour le peuple ; et le parquet n'a point jugé devoir poursuivre ces feuilles, ce qui eût répondu cepen-dant à l'un des plus ardens désirs des rédacteurs, afin d'échapper à la conjuration du silence, par laquelle seule on tente de paralyser l'in-fluence de la doctrine générale de la démocratie socialiste.

Oui, le cri de *République sociale* n'a été réputé séditieux et pour-suivi comme tel, ainsi que tant d'autres actes des démocrates, que par suite de l'abstention systématique de la presse quotidienne à exposer le sens que le peuple y attribue. Que l'on juge par ce fait des autres con-séquences désastreuses de la marche suivie par nos premiers journalistes.

Toutes les considérations qui précèdent nous ont paru nécessaires pour bien établir la position politique de la démocratie socialiste, au moment où la rentrée de l'Assemblée législative pose de nouveau la question de révision. Devant ces graves circonstances, il ne faut pas que la réaction puisse s'abuser sur son œuvre de ténèbres : il ne faut pas qu'elle puisse prétexter plus tard l'ignorance de ce que le Peuple veut et de ses moyens de le réaliser ; il ne faut pas enfin qu'une omis-sion regrettable de la presse quotidienne de la capitale puisse faire méconnaître la pensée du Peuple.

Sans avoir la prétention de parler au nom du peuple, les *Amis de la justice* peuvent dire qu'ils n'ont rien négligé pour que cet écrit reproduise les inspirations émanées d'un grand nombre de simples travailleurs confrères.

Le dernier acte du grand drame social qui s'accomplit en France depuis février 1848 va commencer. A ce moment solennel, les *Amis de la justice* adressent cet écrit à l'Assemblée législative, à la magistrature, à la presse et à tous les citoyens. Ils croient fermement que, si l'exposition renfermée dans cette brochure était bien connue des vieux partis, les coteries réactionnaires ne tarderaient pas à ressentir un isolement réprobateur, punition tardive de leur astucieux machiavélisme.

Les *Amis de la justice* font appel au dévouement de nos lecteurs. La démocratie socialiste a été si astucieusement et si systématiquement calomniée par les feuilles réactionnaires, que, dans les vieux partis, un grand nombre d'esprits de bonne foi n'attendent que la lumière pour être désabusés. *Faire connaître, enseigner et pratiquer* la morale si supérieure de la *doctrine générale* de la démocratie socialiste est devenu un impérieux devoir pour tout démocrate. Il faut que l'exposition de cette doctrine fasse de la qualification de républicain socialiste un titre d'honneur jusqu'au sein de la réaction monarchique ! Cela est facile à obtenir si chacun veut agir dans la mesure de ses forces.

Les ouvrages des *Amis de la justice* rendent cette tâche facile à tous. La manière de l'exercer efficacement et sans aucun risque est exposée dans les derniers chapitres de la *Morale socialiste ou civile*, ouvrage dans lequel les démonstrations mathématiques de toutes les questions se trouvent résumées. Nous recommandons à nos lecteurs la propagation du Tableau des devoirs du démocrate socialiste. Dès que ce Tableau sera exposé dans chaque logement, atelier, magasin, etc., la réaction ne pourra plus calomnier la démocratie socialiste sans se diffamer elle-même aux yeux de tous.

Ce Tableau paraîtra incessamment sous le titre de *Gouvernement direct* DE SOI-MÊME, dans le format du journal la *République*. Il sera vendu 10 centimes avec timbre de 5 centimes ; et 5 centimes seulement si l'on peut obtenir qu'il soit exempt du timbre, comme toutes les publications qui traitent de morale. — Quoique le premier tirage des publications des *Amis de la justice* ait été très-faible, les prix de ces ouvrages sont les plus modérés de ceux de la librairie, malgré les remises considérables qui doivent être faites aux vendeurs intermédiaires. Les tirages subséquens pouvant être plus considérables, les prix seront réduits de manière à n'assurer à chacun, comme toujours, que le prix du travail fourni, sans aucun bénéfice en sus. Cet exemple, donné par l'Association des tailleurs, la *Réciprocité*, doit être suivi par toute la démocratie, réserve faite des cotisations pour les caisses de retraite et d'assistance.

PUBLICATIONS DES AMIS DE LA JUSTICE.

—

MORALE SOCIALISTE OU CIVILE, mathématiquement expliquée par les lois providentielles du monde moral, et Synthèse sociale, ouvrage dédié à M. Edgard Quinet, représentant du peuple; par L.-P. Riche-Gardon, auteur du *Traité des Devoirs de l'Homme et du Citoyen*, 1 vol. in-8° de plus de 300 pages. — Prix : 3 fr.; et en vingt livraisons d'une feuille chaque, à 15 cent.

SOMMAIRE. — *Première partie*. Morale socialiste ou civile : raisons de son avénement comme morale appelée à remplacer celle qui est fournie par l'enseignement des cultes. Raisons relatives aux nécessités de la démocratie. De l'œuvre révolutionnaire. Les révolutionnaires et la morale. Des moyens révolutionnaires, etc. — Action anarchique de l'enseignement catholique. Causes de l'action subversive de cet enseignement. L'enseignement de la morale ne saurait donc plus être donné par le catholicisme.

Deuxième partie. Exposition de l'ordre providentiel. Monde moral et monde physique. Lois de la fécondité universelle. Comment se produit le mal que l'on observe dans la nature et dans l'être humain. De l'intervention de la Providence dans les affaires purement humaines. Théorie de l'ordre moral. Théorie des entraînemens. Pondération des forces générales du monde moral, ou ordre de fécondité morale. Tableau de cette pondération. Pondération des forces intermédiaires. Théorie des rapports corrélatifs qui subsistent entre les droits et les devoirs. Application aux sociétés industrielles et à l'administration publique.

Troisième partie. Philosophies et morales. Des philosophies dites positives comme contradicteurs de l'ordre providentiel. Comment l'influence des dogmes catholiques a paralysé l'action régénératrice des vérités universelles proclamées par Jésus-Christ. Du merveilleux et des miracles. La morale socialiste et la morale chrétienne comparées entre elles. La loi et la raison, l'autorité et la religion.

Quatrième partie. Exposition de fait des entraînemens : entraînemens de l'esprit de privilége, des différens pouvoirs, du principe de liberté, de la richesse individuelle comparée à la richesse collective.

Tome II. Application de la Morale socialiste à la formation des gouvernemens et à l'économie sociale. Exposition scientifique de la souveraineté du Peuple exercée par la Raison-générale comme la seule manifestation rationnelle du principe d'autorité. Pourquoi le peuple est un élément de trouble sous les régimes de privilége. Parallèle du Catholicisme monarchique avec le Socialisme républicain. Appendice. La part du communisme. Le cri du devoir, aux pères et aux mères de famille, à nos lecteurs. Le chapitre de cet ouvrage intitulé : De *l'Ordre Providentiel*, a été publié dans la *Liberté de penser* de mai 1851.

DU MÊME AUTEUR,

TRAITÉ DES DEVOIRS DE L'HOMME ET DU CITOYEN, expliqués par leurs rapports corrélatifs avec les droits naturels, sociaux et politiques. 1 vol. in-8° compacte. — Prix : 3 fr.; et en vingt livraisons d'une feuille chaque à 15 cent.

Cet ouvrage est le premier en date : il complète la *Morale socialiste ou civile* par l'exposition des devoirs qui correspondent aux droits de chaque fonction sociale et de chaque profession principale. Il contient en outre : 1° L'exposition des privilèges subversifs de l'ordre moral et constitués par notre législation ; 2° la solution des questions économiques qui se rattachent à la réforme industrielle ou aux droits du travail ; 3° l'organisation de l'industrie nationale en collèges professionnels appelés à déclarer les devoirs qui correspondent aux droits de chaque profession et à en assurer la pratique.

Pour l'appréciation de ces ouvrages, on peut consulter spécialement: La *Revue démocratique;* le *Progrès* d'avril 1850 ; la *Liberté de penser* de juillet 1850, compte-rendu par M. Deschanel, article *Catholicisme et socialisme;* la *Revue*, la *République universelle* d'août 1850 et juillet 1851, p. 196 ; le numéro 13 du *Progrès*, appréciation par M. Desmarest, ancien maire-adjoint du 3e arrondissement ; l'*Atelier*, juin 1850; la *Feuille du Peuple* du 12 septembre 1851 ; la Revue *La Politique nouvelle* du 14 septembre 1851, etc., etc.

Voir la couverture, pour les autres ouvrages des *Amis de la justice*.

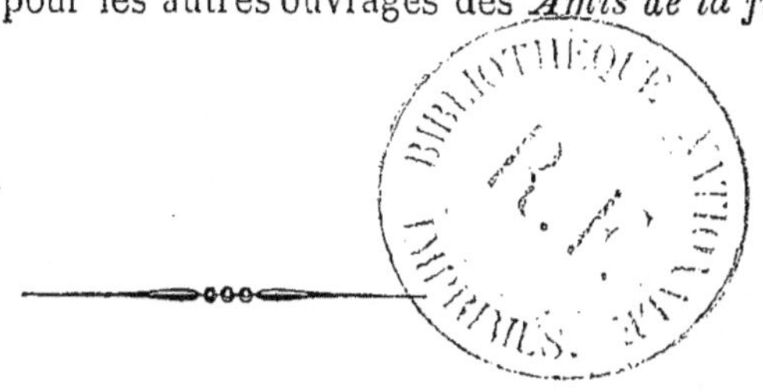

Paris. — Imprimerie de E. Brière, rue Ste-Anne, 55.